GEO SAISON

THAILAND

DUMONT

Ruinen einer Königsstadt

Am Ufer des Chao Phraya gründete Rama Thibodi I. um 1350 **Ayutthaya.** Es sollte mehr als 400 Jahre – bis zur Zerstörung durch die Burmesen 1767 – das Machtzentrum des Thai-Reiches bleiben. In dieser Zeit entstanden kunstvolle Paläste und Tempel, so 1630 der Wat Chai Wattaranam, eine Ziegelsteinanlage im Khmer-Stil.

Paddeln im Paradies

Sie liegen malerisch im Golf von Thailand, die 42 Inseln des **Ang-Thong-Marine-Nationalparks**. Am besten lässt sich die atemberaubende Kulisse aus bewaldeten Kalksteinbergen und steilen Klippen vom Wasser aus genießen, zum Beispiel auf einer Kajaktour.

READY NOW

Lebensader

Seit Jahrhunderten ist der **Chao Phraya** die wichtigste Handelsroute Thailands. Auf ihm wird thailändischer Reis in sämtliche Regionen transportiert, über seine Wellen schaukeln Tee aus China und Kunst aus Myanmar. Während der Fluss unbeirrt seinen Lauf durch Bangkok nahm, wuchsen die Gebäude um ihn her in den Himmel.

Süß und saftig

Die Thailänder haben die Erdbeere für sich entdeckt. Touristen dagegen versuchen in den **Genuss von Exoten** wie der haarigen Rambutan, der fußballgroßen Pomelo oder gar der Stinkfrucht Durian zu kommen. Anders als daheim sind die Früchte frisch, reif und preiswert, vor allem auf den Märkten.

Wasserwelten

Eine Hauptattraktion der zu Zentralthailand zählenden Provinz Kanchanaburi sind ihre Wasserfälle, insgesamt findet man hier mehr als 20 der mehr oder weniger malerischen Katarakte. Der siebenstufige **Erawan-Fall** im gleichnamigen Nationalpark gilt vielen als der spektakulärste.

Inselparadies

Die **Phang Nga Bay** mit ihren idyllischen Kalksteininseln und dem türkisgrünen Wasser zählt zu Recht zu den schönsten Meeresnationalparks in Thailand. Die Bucht liegt genau zwischen Krabi und Phuket und eignet sich daher gut für einen Tagesausflug mit einem der typischen Longtailboote. Oder warum nicht gleich paradiesisch übernachten wie auf Koh Khai?

Himmlische Lightshow

Um Mae Khongka, die göttliche Mutter des Wassers, zu entzücken, die Sünden fort- und die Wünsche hinauszutragen, wird in der Vollmondnacht des zwölften Mondes gegen Ende November überall im Land das Lichterfest Loy Krathong gefeiert.

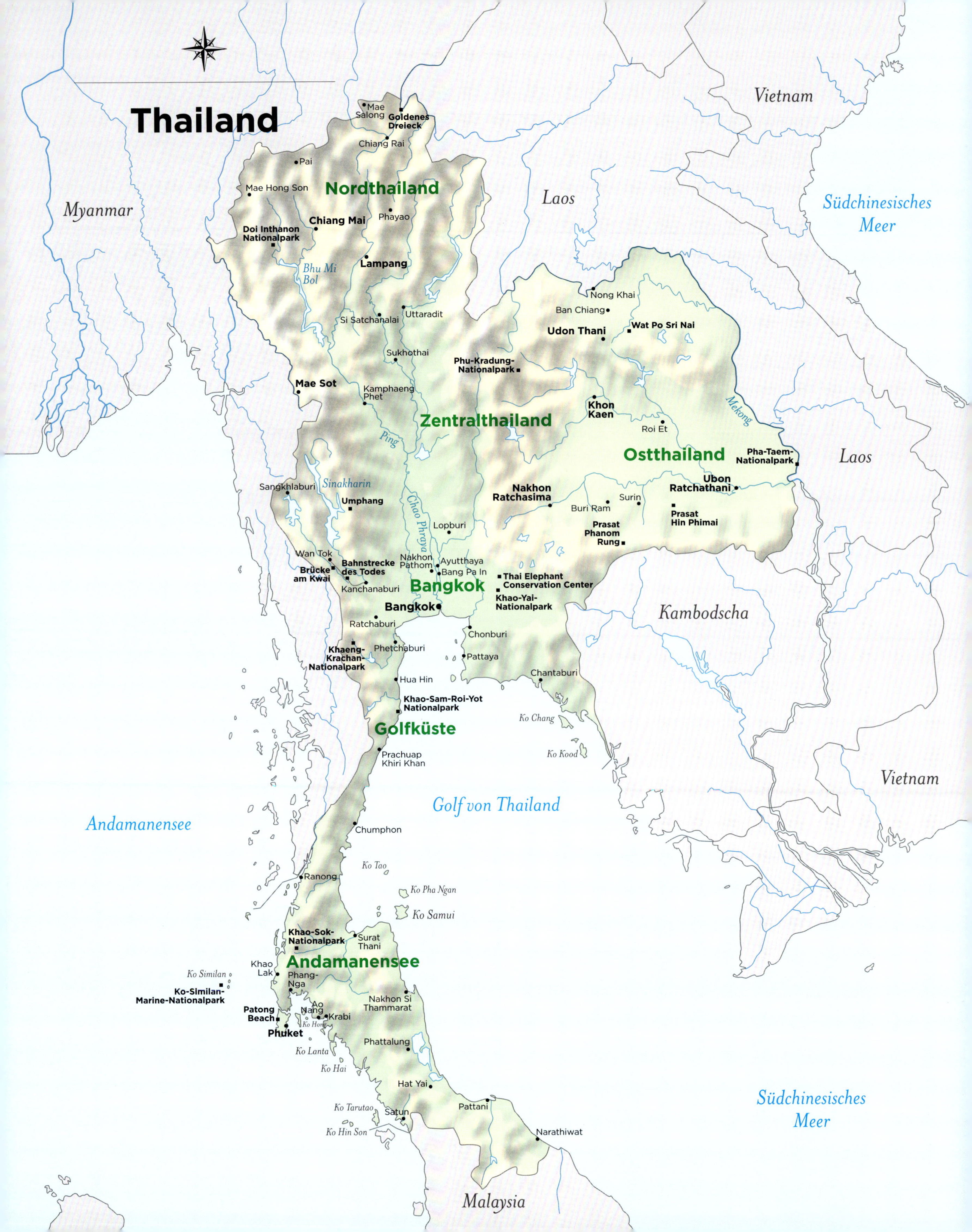
Thailand
Myanmar
Laos
Vietnam
Südchinesisches Meer
Laos
Kambodscha
Vietnam
Andamanensee
Golf von Thailand
Südchinesisches Meer
Malaysia
Mae Salong
Goldenes Dreieck
Chiang Rai
Pai
Mae Hong Son
Nordthailand
Chiang Mai
Phayao
Doi Inthanon Nationalpark
Bhu Mi Bol
Lampang
Uttaradit
Si Satchanalai
Sukhothai
Mae Sot
Kamphaeng Phet
Ping
Zentralthailand
Phu-Kradung-Nationalpark
Nong Khai
Ban Chiang
Udon Thani
Wat Po Sri Nai
Khon Kaen
Roi Et
Mekong
Ostthailand
Pha-Taem-Nationalpark
Ubon Ratchathani
Nakhon Ratchasima
Buri Ram
Surin
Prasat Hin Phimai
Prasat Phanom Rung
Sangkhlaburi
Sinakharin
Umphang
Chao Phraya
Lopburi
Wan Tok
Brücke am Kwai
Bahnstrecke des Todes
Kanchanaburi
Nakhon Pathom
Ayutthaya
Bang Pa In
Thai Elephant Conservation Center
Bangkok
Bangkok
Khao-Yai-Nationalpark
Ratchaburi
Khaeng-Krachan-Nationalpark
Phetchaburi
Chonburi
Pattaya
Chantaburi
Hua Hin
Khao-Sam-Roi-Yot Nationalpark
Golfküste
Ko Chang
Ko Kood
Prachuap Khiri Khan
Chumphon
Ko Tao
Ranong
Ko Pha Ngan
Ko Samui
Khao-Sok-Nationalpark
Surat Thani
Andamanensee
Ko Similan
Ko-Similan-Marine-Nationalpark
Khao Lak
Phang-Nga
Ao Nang
Krabi
Ko Hong
Patong Beach
Phuket
Nakhon Si Thammarat
Phattalung
Ko Lanta
Ko Hai
Hat Yai
Ko Tarutao
Satun
Pattani
Ko Hin Son
Narathiwat

Unvergessliches Thailand

Thailand bietet gleich zweifach den perfekten Einstieg: in die überbordende Natur der Tropen und die Welt Asiens. Wohl nirgendwo sonst ist der Wechsel vom hektischen Alltag in den exotischen Fluss der Ruhe einfacher als hier, wo gleich zwei Ozeane mit tausend Inseln und bunt belebten Korallenriffen auf über 3000 Kilometer Tropenküste treffen. Einzige Ausnahme: die fiebrige, atemlose, aber in all ihrer Überdrehtheit dennoch faszinierende Metropole Bangkok.

In der ›Badewanne Südostasiens‹ kann jeder nach seiner Fasson glücklich werden, und auch die Kultur steht den Superlativen in nichts nach. Insbesondere die buddhistischen Tempelanlagen, Thailands einzigartiger Beitrag zur Weltarchitektur, wecken beim Betrachter höchste Bewunderung. Hunderte dieser faszinierenden Bauwerke gibt es allein in Bangkok, auch wenn es das angrenzende Zentralthailand mit den einstigen Königsstädten des alten Siam ist, wo der Kulturreisende die größte Dichte an Attraktionen findet. Die Bergwelt des Nordens ist eine Region einzigartig landschaftlicher Schönheit und kultureller Vielfalt, während der vom Mekong umschlossene Osten des Landes vor allem durch seine Zeitzeugen uralter Hochkulturen besticht.

Die Bandbreite an Aktivitäten lässt keine Wünsche offen und die Küche gilt als eine der raffiniertesten auf Erden, Shopping wird kaum irgendwo größer geschrieben als hier und dank einer hervorragenden Infrastruktur ist das Reisen vor allem für den Asien-Novizen schlicht ein Kinderspiel – unvergessliches Thailand!

◀ An der **Rai Leh East Bay** bei Krabi werden Kletterer ebenso glücklich wie alle, die den perfekten Streifen Sand suchen. In den idyllischen Buchten im Schatten der steilen Kalkfelsen verstecken sich traumhafte Strände.

▲ Einen Höhepunkt Bangkoks im wahrsten Sinne des Wortes markiert die **Moon Bar des Banyan Tree Hotel**. Als höchste Freiluftbar Asiens bietet sie spektakuläre Ausblicke auf die Megacity, die in luftige Skyline-Höhen strebt.

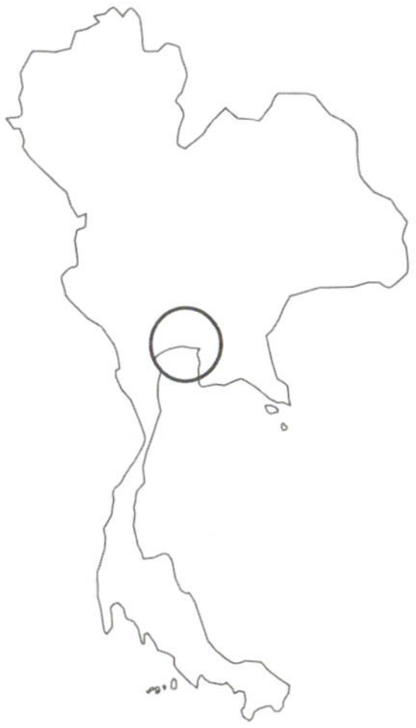

Bangkok

Die politische, wirtschaftliche und kulturelle Kapitale Thailands präsentiert sich als Megametropole, als ein monumentales Shoppingcenter, ein boomender Hotspot Asiens. Und auch wenn der Charme der riesigen Stadt, die ihre Karriere einst als ›Dorf der wilden Pflaumen‹ begonnen hat, zunächst im Verborgenen blüht, so ist sie dennoch ein Hort des Alten und Schönen. Mehr als 400 goldene Tempel und Paläste inmitten der glänzenden Hochhauskulisse tragen zur einzigartigen Atmosphäre im Spannungsfeld zwischen Alt und Neu bei. Längst hat die Metropole sämtliche Grenzen gesprengt und sich das Umland einverleibt: Ayutthaya gehört schon beinah zum Großraum der ›Stadt der Engel‹, dabei liegt die alte Königsstadt fast 80 Kilometer vom Zentrum Bangkoks entfernt. Und dennoch hat sich die kühl glitzernde Millionenmetropole ein Herz bewahrt: Wer sie durchstreift, erlebt, wie sich hier ein farbenprächtiger Markt öffnet, dort eine autofreie Bilderbuchgasse, und hin und wieder stößt man sogar noch auf von Palmen und hölzernen Pfahlbauten gesäumte Wasserstraßen – aus jener Zeit, als diese sogenannten Klongs Bangkoks einzige Verkehrswege waren.

▲ Zu den vergoldeten Statuen, die den **Wat Phra Kaeo** bewachen, gehören die Kinnari, die ›Vogelmädchen‹. In der thailändischen Mythologie leben die Mischwesen an den Hängen des Weltenbergs im Zentrum des Universums.

▶ Staffellauf der Superlative: Der größte und berühmteste liegende Buddha Thailands ist vollständig vergoldet, eindrucksvolle 45 Meter lang und 15 Meter hoch und ruht im **Wat Po**, dem größten und ältesten Tempel Bangkoks.

Wenn der Wind die Glöckchen des **Wat Sakhet** zum Schwingen bringt, trägt er die darin eingravierten Wünsche der Gläubigen vom ›Tempel des Goldenen Berges‹ weit in den Himmel über Downtown Bangkok.

▲ Ursprünglich für den Kronprinzen errichtet, beherbergt der kleinere Palast neben der königlichen Residenz heute das **Nationalmuseum** mit einer Fülle von Kunstwerken aus allen Epochen der thailändischen Geschichte.

Rund um das Palastgelände mit dem Tempel Wat Phra Kaeo und dem **Königspalast** liegt Bangkoks historisches Zentrum, hier finden sich auch das Nationalmuseum, die Universität und viele weitere religiöse Bauwerke. Dank ihrer märchenhaften Atmosphäre und ihrer riesigen Ausmaße sucht die Anlage selbst im Land der tausend Tempel ihresgleichen.

Die Pracht des goldenen Tempels **Wat Phra Keo** bildet den Rahmen für das Nationalheiligtum Thailands: Im Zentrum der Anlage steht der nur 66 cm hohe Smaragd-Buddha in einem prunkvollen Bot, einer Gebetshalle.

Lebensader

Seit Jahrhunderten ist der **Chao Phraya** die wichtigste Handelsroute Thailands. Auf ihm wird thailändischer Reis in sämtliche Regionen transportiert, über seine Wellen schaukeln Tee aus China und Kunst aus Myanmar. Während der Fluss unbeirrt seinen Lauf durch Bangkok nahm, wuchsen die Gebäude um ihn her in den Himmel.

Wenn er komplett fertig ist, dann soll Bangkoks **Suvarnabhumi Airport** mit einer Kapazität von 100 Millionen Reisenden im Jahr der größte Flughafen Asiens werden. Schon heute beeindruckt seine futuristische Architektur.

▲ Das edle Baumaterial und die Kombination traditioneller und europäischer Architekturelemente verleihen dem **Wat Benchamabophit** eine besondere Wirkung. Die allmorgendliche Andacht der Mönche wirkt lange nach.

▲ Zwei steinerne Löwen bewachen den Eingang des **Marmortempels.** Erbaut wurde er 1899 aus weißem Carrara-Marmor, er beherbergt eine eindrucksvolle Sammlung wertvoller Buddha-Statuen.

HONDA

◀ **Chinatown** ist einer der ältesten Stadtteile Bangkoks, ein quirliges Chaos aus wuselnden Schnäppchenjägern, aufdringlichen Souvenirverkäufern, gelassenen Teetrinkern und knipsenden Touristen.

▲ Das Herz von Chinatown ist die **Sampeng Lane.** Hier finden sich unzählige Geschäfte, Handwerkerläden, kleine Fabriken, Obst- und Gemüsemärkte, Essensstände – eine Zeitreise, die zum Bummeln und Shoppen einlädt.

▲ Mit mehr als **sieben Millionen Fahrzeugen** bewegt sich Bangkok immer am Rand eines Verkehrskollapses – und das, obwohl die Metropole über ein vorbildlich ausgebautes öffentliches Verkehrsnetz verfügt.

► Ohne den ultramodernen **Skytrain**, der hoch über den großen Verkehrsachsen dahingleitet und täglich mehr als 500 000 Fahrgäste transportiert, ginge in den Geschäftsvierteln Silom und Sukhumvit rein gar nichts mehr.

Coole Kultmeile: Schon seit Mitte der 1980er-Jahre erfreut sich die **Khao San Road** bei Rucksackreisenden aus aller Welt größter Beliebtheit. Spätestens der Film »The Beach« mit Leonardo di Caprio machte sie zu Asiens bekanntester Straße und zu einem Ziel für Touristen jeglicher Couleur.

need help!
Support Unit Every Sat. and Sun.
ngkram Police Station.
ur holiday at Khaosan.
KHAOSAN PALACE INN
EXCHANGE
TATTOO
Good Well Travel
TOURIST INFORMATION
WORLD-WIDE AIR TICKET
DAILY SIGHT-SEEING & TREKKING TOUR
HOTEL, BUS & TRAIN RESERVATION
CAR RENT, MINIBUS TO AIRPORT SERVICE
DIVING KOH TAO, VISA SERVICE
PASSPORT PHOTO, COPY SERVICE
POST-MAIL
PARCEL
TATTOO'S
PIERCINGS

▲ Der Amerikaner Jim Thompson, der als Geheimagent im Zweiten Weltkrieg in Bangkok lebte, ließ nach dem Krieg eine **Anlage aus sechs traditionellen Teakhäusern** errichten, um seine Kunstschätze aufzubewahren.

▲ 1948 gründete Jim Thompson die Thai Silk Company und verhalf damit der Seidenweberei in Thailand zu neuer Blüte. Heute führen Spinnerinnen das traditionelle Handwerk vor dem **Jim Thompson House** vor.

◄ **Wat Arun,** der ›Tempel der Morgenröte‹, mit seinem 74 m hohen, zentralen Turmbau, ist dekoriert mit Tausenden farbig lackierter Porzellanstücke. Bei Sonnenuntergang bietet er einen majestätischen Anblick.

▲ Keine der unzähligen **Buddhastatuen** in Thailand wurde als Kunstwerk oder als bloße Dekoration geschaffen. Sie sollen an die Lehre des Erhabenen erinnern, im Herzen glücklich machen – und vielleicht sogar erleuchten.

▲▲ Auf dem schwimmenden **Markt von Damnoen Saduak** bieten Hunderte Marktfrauen in kleinen Holzbooten tropische Köstlichkeiten an.

▲ Eine **Klongtour** durch den Stadtteil Thonburi entführt in eine Zeit, als Bangkoks Verkehr ausschließlich übers Wasser floss.

Amphibisches Bangkok

Thonburi

Die vielen kontrastreichen Facetten sind es vor allem, die Besucher in Bangkok in ihren Bann ziehen – und was wäre gegensätzlicher, als innerhalb weniger Minuten mitten aus dem modernsten ›Metropolis‹ heraus in die ländliche Idylle eines Kanal-Labyrinths zu gelangen? Die Bootsstege am Chao Phraya führen direkt dorthin, denn dort legen die auffallend schmalen und langen, dabei kiellosen, flachen Ruea Hang Yao, übersetzt ›Langschwanzboote‹, ab, die ihren Namen der weit nach hinten herausragenden, beweglich gelagerten Antriebsschraube verdanken. Sie wurden dafür geschaffen, die oft nur wenige Meter breiten Kanäle und Kanälchen, die Klongs, des Stadtteils Thonburi auf festen Routen zu befahren. Man muss nicht abenteuerlich veranlagt sein, um in eines der Boote zu steigen und bis zur Endstation und wieder zurück zu fahren. Oder chartert selbst, am besten ganz früh am Morgen, ein Ruea Hang Yao, handelt mit dem Bootsführer einen Preis aus und lässt sich dann zwei Stunden lang durch Bangkoks Hinterhöfe schippern, wo das Leben noch immer seinen geruhsamen Gang am Wasser nimmt. Die natürlichen Wasserwege wurden bereits im 16. Jahrhundert durch zusätzliche Kanäle zu einem Verkehrsnetz ausgebaut. Heute finden sich halbwegs ursprüngliche Klongs nur noch in Thonburi.

▲ Schwimmende Garküchen sorgen dafür, dass die Bangkoker auch entlang der Klongs auf **Gaumenfreuden** nicht verzichten müssen.

▲ **Linien-Longtailboote,** die auf festen Routen fahren, finden sich am Thien Pier beim Wat Po und am Chang Pier beim Wat Phra Kaeo.

▲ Das Dschungelbuch lässt grüßen: Das Umland von **Umphang** beeindruckt mit geradezu archaischen Urwaldimpressionen und atemberaubenden Wasserfällen, allen voran mit dem Ti Lo Su.

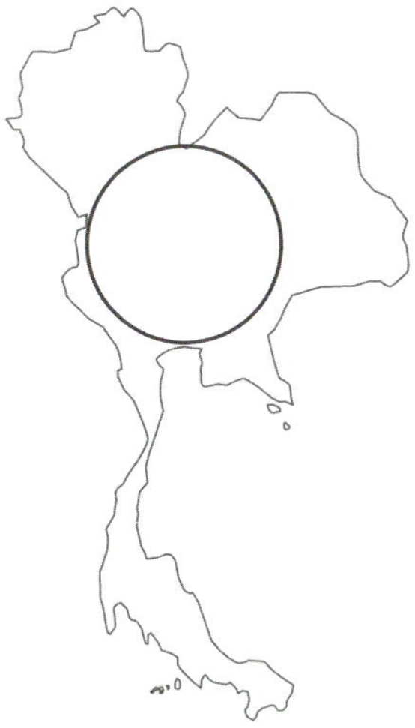

Zentral-thailand

Als das Herzstück Thailands gilt die Zentralebene, die durch den Flusslauf des Chao Phraya gebildet wurde. Sie erstreckt sich von der Bangkok-Bucht aus nach Norden und ist von einer Vielzahl von Nebenflüssen und Kanälen durchzogen. Dank der sprichwörtlichen Fruchtbarkeit ihrer Schwemmlandböden wurde sie schon in frühester Zeit von den Mon und Khmer kultiviert und diente auch den Thais, die hier ihre ersten Reiche bildeten, als Reiskammer. Zahllose Ruinen ehemaliger Königsstädte zeugen vom wechselvollen Schicksal der Wiege des Landes: Obligatorisch ist etwa ein Besuch von Sukothai, jener Khmer-Stadt, die im 13. Jahrhundert von den Thai erobert und zur ersten Hauptstadt des Reiches gemacht wurde. Sie war die Keimzelle des heutigen Thailands – und wurde doch 150 Jahre später von der nächsten Reichsgründung überflügelt: Ab 1376 war Ayutthaya tonangebend und blieb es bis ins 18. Jahrhundert. Auch die Ruinen dieser Stadt sind touristisches Pflichtprogramm.

▲ Eine Elefantenfamilie? Oder doch eher Buchsbäume? Die Dickhäuter im grünen Gewand sind eines der Highlights in der Gartenlandschaft rund um den Sommerpalast der Könige von Ayutthaya in **Bang Pa In.**

▲ Die Anlage, die den Königen von Siam seit dem 17. Jahrhundert als Sommerresidenz diente, weist viele Architekturstile auf. Am beeindruckendsten ist der **Pavillon:** Er gilt als feinstes Beispiel klassischer Thai-Architektur.

Flussromantik: Besonders schöne Ausflüge von **Kanchanaburi** aus sind Boots- und Floßtouren auf dem Kwae Noi und Kwae Yai River. Im Rahmen der geführten Tagesausflüge ist stets auch ein Besuch in einem der zahlreichen stimmungsvollen ›Floating Restaurants‹ vorgesehen.

THE RIVER KWAI JUNGLE RAFTS

▲ Die **Brücke am Kwai,** weltberühmt geworden durch den gleichnamigen Roman und Film, ist das Highlight von Kanchanaburi. Am fotogensten präsentiert sie sich im Rahmen einer Fahrt mit der ›Todesbahn‹ nach Nam Tok.

▲ Siddharta Gautama wurde unter einer Pappelfeige erleuchtet, die deshalb auch als Bodhibaum bezeichnet wird. Als bekanntester gilt jener des **Wat Mahathat** von Ayutthaya, dessen Wurzeln ein Buddha-Bildnis umrahmen.

▲ Zentrales Heiligtum des **Wat Mahathat** von Ayutthaya ist der Prang – ein architektonisches Erbe der Khmerzeit, das Eingang in nahezu alle neueren Stilentwicklungen Thailands fand und in kaum einer Tempelanlage fehlt.

▲ Die flachen Brettwurzeln der Urwaldriesen sind ein Zeichen für die Nährstoffarmut des Bodens. Fruchtbar ist der **Regenwald** trotzdem: Er ist ein geschlossenes System mit der eigenen verwesenden organischen Substanz als Nahrungsquelle.

Grünes Universum

Der Regenwald

Große Teile von Indochina, wozu auch Thailand gehört, sind bis heute mit tropischem Regenwald bestanden, der ältesten Vegetationsform der Erde und gleichzeitig ihr größtes genetisches Reservoir. Neben den Korallenriffen weist dieses ebenso faszinierende wie gefährdete Ökosystem bei Flora und Fauna die höchste Artendichte auf.

Das äquatornahe Südostasien, seit dem Tertiär von Klimawechseln unberührt, ist Heimat des tropischen Regenwalds, der seit mehr als 130 Millionen Jahren der Evolution als Experimentierfeld dient. Rund fünf Millionen der insgesamt etwa zehn Millionen bekannten Spielarten des Pflanzenreiches wachsen hier – allein über 3500 Baumarten. Den größten Artenreichtum weist der Tiefland-Regenwald auf. Da aber diese Regionen in der Vergangenheit besonders unter den Eingriffen des Menschen zu leiden hatten, ist er in Thailand heute eigentlich nur noch in Nationalparks zu finden. Je höher es geht, desto artenärmer wird der Wald, ab einer Höhe von etwa 800 Metern wird er als Nebelwald bezeichnet. Die Bäume dort sind kleinwüchsiger, die Krautschicht ist stärker ausgebildet und die Zahl der Moose, Orchideen und Farne nimmt mit jedem Höhenmeter überproportional zu.

Charakteristikum ist der stockwerkartige Aufbau über sechs ›Etagen‹ von der Bodenschicht über die Kraut- und Strauchschicht, die Kronenschicht niedriger Bäume bis hinauf zum dichten Hauptkronendach in 40 Metern Höhe, überragt von einzelnen bis zu 60 Meter hohen Giganten. Die üppigste und älteste Pflanzenformation der Erde schrumpft allerdings rasant, jede Minute werden, so der Verein ›Rettet den Regenwald‹ in einer Beispielrechnung, 34,6 Fußballfelder abgeholzt – und das, wo bereits rund vier Fünftel des Regenwaldes auf der Welt zerstört sind. Dennoch weichen die Regenwälder weiterhin Plantagen, auch in Thailand, wo eine schlichte Rechnung besagt, dass dieses Ökosystem in naher Zukunft, wenn überhaupt, nur noch in Nationalparks existieren wird. Doch sind erst die Regenwälder verschwunden, beschleunigt sich die Erwärmung der Erdatmosphäre. Die Folge, von der wir schon jetzt einen Vorgeschmack bekommen, wird ein Klimadesaster von nicht abzuschätzendem Ausmaß sein. Und der Verlust eines Ökosystems, das in seiner Einzigartigkeit jeden in seinen Bann zieht, der es einmal erlebt hat.

▲ Schmarotzerpflanzen und sich selbst versorgende Epiphyten, zu denen mehr als 20 000 Orchideenarten zählen, Lianen, Farne und Rhododendren, tragen zur **Vielfalt des Regenwalds** bei.

▲ Die maiskolbenförmige Spitze des **Wat Phra Si Ratana Mahathat** in Si Satchanalai deutet darauf hin, dass der Tempel einst von den Khmer errichtet wurde. Ausgebaut wurde er aber in der Sukhothai-und Ayutthaya-Ära.

▶ Kaum eine andere Pflanze findet in Südostasien so vielfache Verwertung wie **Bambus:** Sie dient als Nahrungsmittel, wird aber auch für den Hausbau und die Herstellung von Gebrauchsgegenständen genutzt.

▲ In einer Schleife des Yom River liegt der Geschichtspark von **Si Satchanalai.** Auch die Tempelruinen der Schwesterstadt von Sukhothai bieten einen guten Einblick in die Vergangenheit früher Thai-Reiche.

▲ Doppelt malerisch: Auf einer kleinen Insel inmitten des Traphang-Trakuan-Sees erhebt sich in Sukhothai die buddhistische Tempelanlage des **Wat Sa Si** mit ihrem Chedi, dem spitz auslaufenden Sakralturm im Sri-Lanka-Stil.

▲ Der im Zentrum des World Heritage Parks von Sukhothai aufragende **Wat Mahathat** war einst als ›Tempel der großen Reliquie‹ der wichtigste des Reichs. An den aus Holz gebauten Königspalast erinnert heute nichts mehr.

▲ In Sukhothai nahm im Jahr 1238 die eigentliche Geschichte des heutigen Thailand ihren Anfang. Die Ruinen von Thailands erster Metropole bilden die **eindrucksvollste Weltkulturerbe-Stätte** des Königreichs.

▲ Affen spielen vor dem **Phra Prang Sam Yot** aus dem 13. Jahrhundert. Auch wegen der frechen Kletterkünstler ist die Anlage aus drei Laterit-Phrangs aus der Khmer-Zeit zu Lopburis Wahrzeichen geworden.

▲ Das alles und noch viel mehr wird in der thailändischen Küche verarbeitet. Wie Zutaten und Gewürze am besten und authentischsten miteinander harmonieren, kann man in einer der vielen **Kochschulen** des Landes lernen.

Gewürzorgien und Gaumenfreuden

Thailands Küche

Eine ungeheure Vielfalt kennzeichnet die thailändische Küche, die gut und gerne 3000 spezifische Gerichte kennt. Dank ausgeklügelter Rezepturen, in denen sich Einflüsse sowohl der chinesischen und indischen wie auch malaysischen und indonesischen Küchen finden, steht sie im Ruf, eine der besten Küchen der Welt zu sein. Eine der gesündesten, weil leichtesten und fettärmsten, ist sie obendrein – und eine der an Gewürzen reichsten ebenfalls. Schon in Standardgerichten sind Koriander und Bergamotte, Knoblauch, Pfeffer und Ingwer, Kardamom und Zitronengras, Minze und Basilikum feste Bestandteile – um nur die wichtigsten zu nennen. Nicht zu vergessen natürlich auch Chilischoten, diese kleinen Gaumenterroristen, die die Thai-Küche neben allem anderen auch noch zu einer der schärfsten Küchen der Welt machen.

Gegessen wird eigentlich immer und überall. Nudeln oder Reis gibt es bereits zum Frühstück, mittags oder abends folgt eine Hauptmahlzeit, die aus mehreren Gerichten wie Suppen oder Currys besteht. Immer spannend und lecker: die Snacks bei fliegenden Händlern am Straßenrand, wo es auch mal frittierte Heuschrecken gibt oder Käfer am Spieß. Besonders eindrucksvoll sind die Nachtmärkte in der Provinz mit ihrem vielfältigen Angebot.

▲ Die Auswirkungen von **Chili** sind nicht jedermanns Sache, daher wird im Restaurant meist gefragt, ob das Gericht phet (scharf) oder mai phet (nicht scharf) sein soll.

▲ An Vitaminen mangelt es nicht – auch **Salate** kommen auf den Tisch. Sie werden stets scharf gewürzt und mit einer Auswahl an Saucen serviert, in der Regel als Begleiter weiterer Speisen.

▲ Phra Mahathat Napha Methanidon und Phra Mahathat Naphaphon Phumisiri heißen die **Zwillingstempel,** die seit 1987 bzw. 1992 ihre goldenen Spitzen in den Himmel bei Chiang Mai recken.

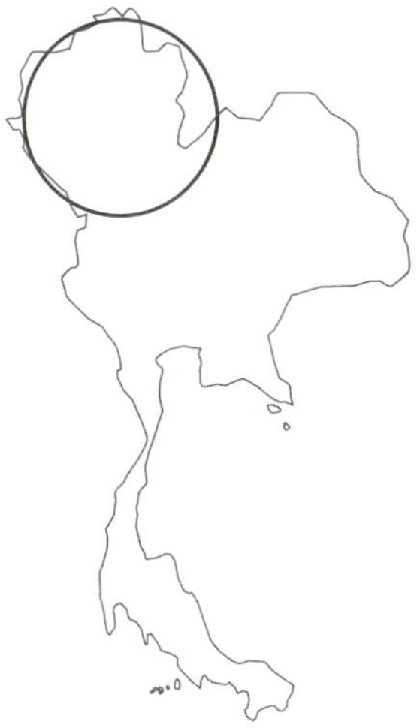

Nordthailand

Noch nicht einmal hundert Jahre ist es her, dass die Entfernung von Bangkok nach Nordthailand in Wegwochen gemessen wurde. Eine Reise an die nördlichen Grenzen des Landes bedeutete zermürbende Flussfahrten oder gefährliche Fußmärsche. Seiner isolierten, unwegsamen Lage ist es zu verdanken, dass diese Region Thailands eine weitgehend selbstständige politische Entwicklung genommen hat. Und obwohl Nordthailand 1919, als die Eisenbahnstrecke von Bangkok nach Chiang Mai fertiggestellt war, an die Welt angeschlossen wurde und die Holzwirtschaft begehrlich die Finger nach den Gewinn versprechenden Teakwäldern ausstreckte, hat sich die Region bis heute ein ureigenes kulturelles Wesen bewahrt. Viele Thais aus dem Süden übersiedeln nicht nur wegen der wirtschaftlichen Entwicklung hierher. Sie werden von dem angelockt, dem auch die Touristen nicht widerstehen können: dem milden Klima und der wunderschönen Landschaft aus bewaldeten Bergzügen und fruchtbaren Tälern und Ebenen, die sich auf dem Elefantenrücken, auf Bambusflößen oder beim Trekking erforschen lassen.

▲ Der Name ist treffend gewählt, **Tham Lot,** ›Durchgangshöhle‹, denn auf 600 Metern Länge schlängelt sich der Nam Lang durch die Tropfstein-Unterwelt. Vom Bambusfloß aus ist das Erlebnis besonders eindrucksvoll.

▲ Märchenschloss im Zauberlicht des frühen Abends: Der von burmesischen Stilelementen geprägte Tempel **Wat Phra That Doi Kong Mu** bietet von einem Hügel aus einen fantastischen Panoramablick auf Mae Hong Son.

▲ Das waldreiche Umland von **Mae Hong Son** im Nordwesten des Landes ist geprägt von ganz unterschiedlichen Landschaftsbildern und gefällt selbst dort, wo der Mensch in die Natur eingegriffen hat.

Ungefähr drei Wochen, nachdem der **Reis** ausgesät wurde, müssen die Setzlinge in eines der überfluteten Felder umgesetzt werden. Durch künstliche Bewässerung sind heute zwei bis drei Reisernten im Jahr möglich.

▲ Die 2000 bis 3000 wild lebenden thailändischen Elefanten sind vom Aussterben bedroht. Ihre gezähmten Verwandten im **National Elephant Institute** von Lampang haben dagegen dank des Tourismus' eine gesicherte Zukunft.

▲ Inmitten des Treibens von Chiang Mai sind die rund zweihundert buddhistischen Tempel **Refugien der Ruhe.** Malerische Tempelanlagen gibt es vor allem im teils noch von Befestigungswällen umgebenen Quadrat der Altstadt.

▲▲ Nichts als Bambus und die Rinde des Sa-Baumes sowie natürlich Geschicklichkeit und Geduld werden benötigt, um so fragile Kostbarkeiten wie **Papierschirme** herzustellen.

▲ Der Buddhismus befruchtete seit jeher die Kreativität in Thailand. Und wenn sich im Laufe der Jahrhunderte auch die Stile wandelten, so blieb die **Ikonografie religiöser Kunst** doch im Wesentlichen gleich.

Auf dem Handicraft Highway

Kunsthandwerk in Chiang Mai

Ob man nun Holzelefanten, Lackwaren oder Puppen, Stickereien oder Korbwaren, Antiquitäten oder Möbel, Papiersonnenschirme, Edelsteine oder Kleidung kaufen möchte, ob es Spielwaren oder Opiumpfeifen sind, Wickelröcke oder Keramiken: Chiang Mai macht's möglich, denn die Stadt im Norden des Landes ist Thailands bedeutendstes Zentrum qualitativ hochwertigen Kunsthandwerks. Der aus Chiang Mai herausführende Highway 1317 heißt nicht ohne Grund ›Straße der Kunsthandwerker‹. Unzählige Werkstätten, Manufakturen und Läden bieten hier eine Auswahl von allem, was man sich nur vorstellen kann: Ab Kilometer drei laden vor allem Schmuckgeschäfte ein, darunter mehrere Silberfabriken. Zwischen Kilometer sieben und zehn dreht sich das Meiste um Lackarbeiten und Holzschnitzereien, es folgen Töpfereien sowie Werkstätten für Seidenschirme bei Kilometer zwölf. Am Kilometer 16 liegt dann der Ort San Kamphaeng, ein Zentrum der Textilindustrie für Baumwoll- und Seidenstoffe. Aber auch auf den Märkten von Chiang Mai lassen sich schöne Stücke ergattern, etwa im Night Bazaar Building oder am Ostufer des Ping. Entlang der Thanon Tapae in der Altstadt finden sich jede Menge Geschäfte mit Souvenirs, die in der Stadt oder ihrer Umgebung gefertigt wurden.

▲ Aus Rohr und Schilf werden **Matten, Körbe und Taschen** geflochten. Ohne die Kaufkraft und das Interesse der Touristen wäre das Handwerk heute vom Aussterben bedroht.

▲ In den **Manufakturen** kann man im Rahmen von Führungen die Künstler bei ihrer Arbeit beobachten – zum Schluss folgt dann der obligatorische Besuch des Verkaufsraums.

▲ Der goldene Chedi des **Wat Suan Dok** birgt eine Reliquie des Buddha und wurde im 14. Jahrhundert als ›Blumengarten-Kloster‹ vor den Toren Chiang Mais im Sri-Lanka-Stil errichtet.

▲ Nicht nur Schmuck wird im **Warorot Market** angeboten: In den beiden großen, durch eine Straße getrennten Markthallen gibt es nichts, was es nicht gibt. Für viele Einheimische ist er die Einkaufsadresse Nr. 1 – ein Erlebnis!

Der **Wat Phan Tao** ist eine der wenigen erhalten gebliebenen hölzernen Gebäude in der Altstadt von Chiang Mai. Der schöne Tempel aus verzierten Teak-Tafeln liegt direkt neben dem bekannteren Wat Chedi Luang.

Der Wat Phan Tao stammt vom Ende des 14. Jahrhunderts und ist damit einer der älteren Tempel Chiang Mais. Ursprünglich war das Gebäude als **Thronhalle für einen König** errichtet worden.

Chalermchai Kositpipat hat eine Vision: Seit 1998 arbeitet der Künstler unermüdlich an der von ihm selbst entworfenen, prächtigen weißen Tempelanlage des **Wat Rong Khun** bei Chiang Rai.

▲ Zeichen einer neuen Zeit: Am Ping-Fluss in der **Provinz Chiang Dao** bieten Angehörige von Bergvölkern den im Boot vorbeifahrenden Touristen selbst gefertigte Waren an.

Andere Welten

Die Bergvölker

Nur rund die Hälfte der Gesamtbevölkerung Thailands sind ethnisch gesehen Thais, die andere Hälfte verteilt sich auf Chinesen, Khmer, Lao, Malaien und Mon sowie im Norden des Königreichs ansässige Minoritäten, die sogenannten Hilltribes. Sie sind innerhalb der letzten hundert Jahre infolge wirtschaftlicher und politischer Probleme aus Tibet, Bangladesh und Burma, Laos, Südchina, Vietnam und Kambodscha eingewandert. Jedes einzelne dieser Völker hat einen anderen ethnischen Ursprung, eine andere Kultur und Tradition, andere Kleidung und religiöse Vorstellungen, in denen zumeist der Glaube an die Beseeltheit der Natur – Animismus also – verbindendes Glied ist.

In den Randgebieten des hohen Nordens von Thailand sollen mindestens eine halbe Million Menschen in etwa 3000 Dorfgemeinschaften in Höhenlagen von über 800 bis 1000 Metern leben. Sie waren für den thailändischen Staat lange Zeit kaum von Bedeutung und konnten in weitgehender Autarkie ihre oft halbnomadischen Lebensweisen bewahren. Als Mitte der 1950er-Jahre dem Opiumanbau der Kampf angesagt und 1988 der Holzeinschlag verboten wurde, gerieten die Bergvölker immer mehr in den Fokus staatlichen Interesses.

Spätestens jetzt wurden zahlreiche Programme ins Leben gerufen, die auf Thaiisierung ausgerichtet waren. Traditionen wie Opiumanbau und Brandrodungswanderfeldbau wurden untersagt, Schul- und Registrierungspflicht sowie eine staatliche Verwaltung eingeführt und die touristische Erschließung ihres Lebensraums vorangetrieben. Entsprechend sind mittlerweile viele Angehörige der Bergvölker auf Integration, auf passive Anpassung eingestellt. Auch wenn es Ansätze gibt, haben sich die Bergvölker nicht zu einer organisierten Minderheit konsolidieren können. Zu viele gibt es, zu unterschiedlich sind ihre Kulturen, und da die einzige politische Einheit stets nur das Dorf war, konnten sich keine größeren politischen Organisationsformen als Interessenvertretungen herausbilden.

▲ Mit ihrem Aussehen, ihren bestickten Jacken und ihrem Silberschmuck erinnern die **Akha,** von denen etwa 50 000 in Thailand leben, deutlich an Tibeter.

▲ Im Four Seasons Tented Camp Golden Triangle kommt man den sanften Riesen ganz nah. Hier kann man lernen, einen **Elefanten** zu reiten und man macht auf dem Rücken der Dickhäuter Ausflüge in den Dschungel.

▲ Auch die **Unterkünfte** im Four Seasons Tented Camp sind vom Feinsten. Fragt sich nur, wie viel Zeit man hier verbingt – schließlich locken in Thailands Norden Mekong-Fahrten und Treks in die Welt der Bergvölker.

▲ So lässt sich der Osten Thailands im langsamen Tempo genießen: Bei einer Bootstour auf dem **Mekong** verschwimmen Vergangenheit und Gegenwart, Mythos und Wirklichkeit.

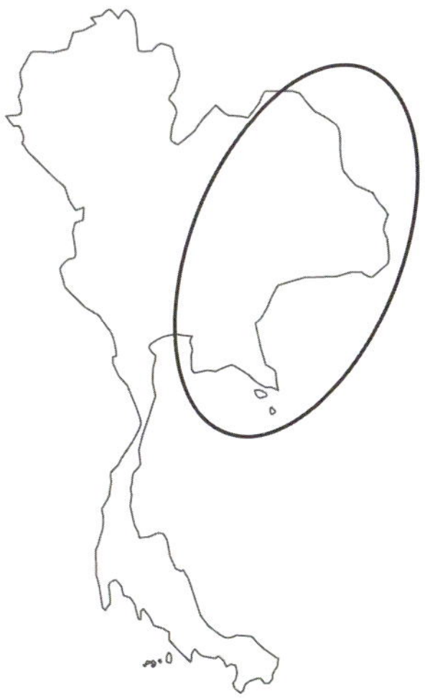

Ostthailand

Der Osten von Thailand hat zwei Gesichter: Ist der Nordosten ein vom Mekong umschlossenes, aus Sandstein gebildetes, vegetationsarmes Hochplateau, so präsentiert sich der am Golf von Thailand gelegene Südosten als exotisches Tropenparadies. Die kargen Böden des Nordostens lassen nur wenig Landwirtschaft zu, die Erträge sind mager und das Leben ist mühsam: Der Isarn, wie das Hochplateau heißt, ist das (bevölkerungsreiche) Armenhaus Thailands. Der Südosten dagegen ist dank reichlicher Niederschläge ein fruchtbarerer Landstrich. In touristischer Hinsicht aber haben beide Regionen ihren Reiz. Die Riviera am Golf steht mit dem turbulenten Pattaya – das noch immer versucht, den Ruf des Sündenbabels loszuwerden – und Inseln wie Ko Chang oder Ko Kood für Sonne, Strand, Spaß und einsame Sonnenuntergänge. Eine Fahrt durch das Binnenland dagegen führt zum Beispiel in die überraschend schönen, einsamen Landschaften des Phu-Kradung-Nationalparks. Oder wird zur Begegnung mit alten Hochkulturen wie den Khmer-Ruinen von Prasat Phanom Rung.

▲ Weit geht der Blick von einer Felsklippe über den **Mekong.** Sechs Länder durchquert der Fluss auf seiner rund 4500 Kilometer langen Reise von Tibet nach Vietnam, in Thailand bildet er die Grenze zu Laos.

◀ Das Herzstück des **Phu-Kradung-Nationalparks** ist eine Hochebene mit fantastischen Ausblicken. In den von Wanderwegen durchzogenen, weitläufigen Pinienwäldern und Graslandschaften leben noch vereinzelte Tiger.

▲ In Nong Khai, Grenzstadt zu Laos, lädt der große Indochina Market zum Stöbern und Schlemmen. Echte Hingucker aus der hinduistischen Mythologie findet man im **Sala-Kaeo-Ku-Skulpturenpark.**

◀ Die Architektur des **Prasat Hin Phimai** spiegelt das hinduistisch-buddhistische Weltbild der Khmer. Die nach den vier Himmelsrichtungen ausgerichtete Anlage wird als ehrgeiziges Modell des Universums interpretiert.

▲ Das Angkor Wat Thailands wird er genannt, der Prasat Hin Phimai, der zwischen dem 11. und dem 12. Jahrhundert errichtet wurde. Er ist das größte und bedeutendste **Heiligtum der Khmer-Periode** in Thailand.

Die Steinmetzarbeiten der Khmer in Kambodscha sind weltberühmt, aber kaum jemand kennt das große Ruinenfeld **Prasat Phanom Rung** bei Buri Ram, das die Wohnstätte Shivas auf dem heiligen Berg Kailash symbolisierte.

▲ Jeden November treffen sich in **Surin** mehr als 250 Elefanten und ihre Mahouts, um ihre Fähigkeiten zu demonstrieren. Großer Höhepunkt des Elefantenfestivals: der Schaukampf in traditionellen Rüstungen.

▲ Thai zu sein ist für die meisten Thais gleichbedeutend mit Buddhist sein. Die bis zu **350 000 Mönche** in den rund 30 000 Klöstern stehen für die Verankerung des Landes in der Religion.

Buddhismus

Vom rechten Handeln

Die sprichwörtliche Toleranz und Lebensfreude der Thailänder ist sichtbarer Ausdruck der Staatsreligion Buddhismus. Seit Jahrhunderten ist er fest im Königreich verankert und auch heute kaum von Säkularisierung bedroht. In keinem anderen Bereich werden die geistigen Beziehungen Thailands zu Indien offensichtlicher als im Buddhismus, dessen Geschichte um 560 v. Chr. begann, als in Kapilavastu, im Süden des heutigen Nepal, Prinz Siddharta Gautama geboren wurde. Er wuchs in allem erdenklichen Luxus auf und die Schattenseiten des Lebens blieben ausgesperrt, bis ihm vier Gottheiten in Gestalt eines Greises, eines Kranken, eines Toten und eines Asketen erschienen. Verzweifelt über das ihm bis dahin unbekannte Leid der Welt und voller Sehnsucht danach, dessen Ursache und die Wahrheit zu finden, verließ er im Alter von 29 Jahren seine Frau, seinen neugeborenen Sohn und das väterliche Reich. Sieben Jahre zog er auf der Suche nach religiöser Einsicht umher, bevor er erleuchtet wurde.

Buddha, das heißt ›der Erwachte‹ oder auch ›der Erleuchtete‹, erblickte den ewigen Kreislauf, in dem alle Wesen geboren werden, sterben und von Neuem geboren werden. Er erkannte, dass alle Erscheinungen auf der Welt miteinander verflochten und vergänglich sind und demzufolge keine unveränderlichen Dinge existieren. Das gesamte Erdenleben ist ein Wechselspiel von miteinander in Abhängigkeit stehenden Einzelfaktoren, die nicht zufällig sind, sondern alle dem Weltgesetz Dharma unterliegen. Dieses manifestiert sich in der natürlichen Ordnung, im Lauf der Flüsse und der Bahn der Sterne ebenso wie in der sittlichen Ordnung der Menschen. Der Lehre Buddhas zufolge ist das Leben ein Strom von Daseinsfaktoren, die dem Karma, dem Gesetz von Ursache und Wirkung, unterliegen. Dieser Strom wird auch vom Tod nicht unterbrochen, weil die geistigen, moralischen und natürlichen Kräfte weiterwirken. Sie sammeln sich in einem neuen Individuum, dessen Leben gemäß dem Karma nach den guten und bösen Taten und Gedanken des Dahingeschiedenen ausgerichtet wird. So ist der Mensch, was er war, und wird sein, was er ist. Dabei ist Leben stets mit Leid verbunden, weil es vergänglich ist und wie das Ego selbst nichts als Illusion sein kann.

▲ Nicht selten gibt es Hunderte von **Buddha-Bildnissen** in einem einzigen Tempel. Dazu zählen nicht nur in Bronze oder Gold gegossene Statuen, sondern auch Fresken oder gemalte Zyklen mit dem Erleuchteten.

▲ Das **Rad des Lebens** ist das Symbol der Lehre Buddhas, weil er kurz vor seiner Erleuchtung den Weg der Befreieung erkannt haben soll. Das Lebensrad dient heute vor allem als Meditationshilfe, als Mandala.

▲ In den Klöstern ginge nichts ohne **Almosengänge**, denn alle Mönche sind auf Spenden der Gläubigen angewiesen. Kniend füllen diese die Bettelschalen der Mönche mit Gaben.

Die Erkenntnis, dass das Leben leidvoll ist, wird als die erste der Vier Edlen Wahrheiten bezeichnet, die den Kern der buddhistischen Lehre bilden. Die zweite Edle Wahrheit erklärt die Ursachen des Leidens – Gier, Hass und Verblendung –, während die dritte Edle Wahrheit aufzeigt, dass die Aufhebung des Leidens nur möglich ist, wenn man sich von allen Begierden befreit. Die vierte Edle Wahrheit beschreibt den Edlen Achtfachen Pfad, der zur Beendigung des Leidens führt. Er basiert auf rechter Erkenntnis, rechter Gesinnung, rechtem Reden, rechtem Handeln, rechtem Leben, rechtem Streben, rechter Aufmerksamkeit und rechtem Sich-Versenken.

So ist der Buddhismus, zu dem sich immerhin 95 Prozent der thailändischen Bevölkerung bekennen, weniger eine Religion als vielmehr eine Weisheitslehre, eine Weltanschauung.

▲ Als Blume Buddhas zählt der **Lotos** im Buddhismus zu den acht Kostbarkeiten. Er ist ein Symbol für den Lauf der Zeiten sowie Sinnbild für Reinheit und Treue, Schöpferkraft und Erleuchtung.

▲ Den Egoismus zu überwinden und sich mit der eigenen Buddha-Natur zu identifizieren, ist Ziel buddhistischer **Meditation**, die in allen thailändischen Klöstern praktiziert wird.

▲ Ganze Geschwader von **Fluglaternen** steigen mitunter zu buddhistischen Feiertagen gen Himmel auf, versprechen sie doch dem, der sie fliegen lässt, Glück, Reichtum und Weisheit.

Die Sandsteinklippe Pha Taem liegt ganz im Osten im gleichnamigen Nationalpark. Berühmt ist sie für die rund dreihundert bis zu 4000 Jahre alten Felszeichnungen, die sich über eine Länge von mehr als 180 Metern erstrecken – die größte Sammlung von Felszeichnungen weltweit.

▲ In den **Khao-Yai-Nationalpark,** den ältesten Nationalpark des Landes, locken wilde Elefanten, traumschöne Wasserfälle, 1300 Meter hohe Berge und eine abwechslungsreiche Landschaft aus Dschungel und Grasland.

▲ Das Nachtleben des ›alten‹ **Pattaya** hat noch immer einen eindeutig körperbezogenen Ruf, auch wenn inzwischen alles daran gesetzt wird, den einstigen Fronturlaubsort amerikanischer Soldaten in einen Premium-Touristenspot zu verwandeln.

▲ Der Anblick des mit zahllosen Skulpturen und Schnitzereien versehenen **Sanctuary of the Truth** in Pattaya, des größten Holzbauwerks der Welt, ist schlicht umwerfend. Voraussichtlich noch bis 2025 wird an ihm nach den Richtlinien der Thai-Architektur des 17. Jahrhunderts gebaut.

Wer wollte nicht schon mal auf den Grund des Meeres reisen? Die **Underwater World Pattaya** macht's möglich. Ein 100 Meter langer Acryltunnel führt durch ein gigantisches Aquarium, in dem mehr als 4000 Tiere aus mehr als 200 verschiedenen Regionen der Ozeane ›beheimatet‹ sind.

▲ **Feuerartistik** ist noch immer eine beliebte Attraktion in allen Ferienzentren. Zu den Shows gehört auch die Feuerjonglage mit wirbelnden Fackeln, brennenden Seilen oder an Ketten geschwungenen Pyroeffekten.

▲ Die Thais sind ein Volk von Sportenthusiasten. Wenn die Sonne zum Horizont sinkt, treffen sich fast überall im Land junge Männer zum Fußballspielen, so auch am White Sand Beach auf **Ko Chang.**

▲ Straßen gibt es auf **Ko Kood,** der zweitgrößten Insel des Ko-Chang-Archipels, praktisch keine, und auch sonst herrscht weitgehend Ursprünglichkeit. Exklusiv und teuer allerdings ist das Six Senses Soneva Kiri Resort.

▲ Das Highlight im **Khao-Sam-Roi-Yot-Nationalpark** ist die Phraya-Nakhon-Höhle, deren Schönheit König Rama V. bereits im Jahr 1890 derart begeisterte, dass er in ihrer Mitte einen kleinen Pavillon errichten ließ.

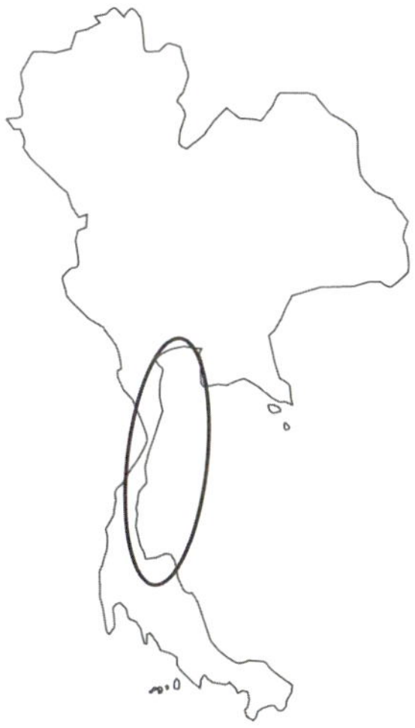

Golfküste

Wenige Kilometer südlich von Bangkok beginnt topografisch gesehen die Malaiische Halbinsel, deren Ostküste bis hinab zur rund 1500 Straßenkilometer entfernten Grenze zu Malaysia auf den Golf von Thailand blickt. Lange Sandstrände schmücken die Küsten dieses Pazifik-Randmeeres. Dennoch geht es in touristischer Hinsicht ruhig zu, das Gros der Urlauber konzentriert sich auf die exotischen Traumstrände der Golfinseln Ko Pha Ngnan, Ko Tao und insbesondere Ko Samui. Dabei sollte man das Festland nicht links liegen lassen: Die Strände von Phetchaburi und der Badeorte Cha-am und Hua Hin sind durchaus erwähnenswert und werden in erster Linie von Einhemischen besucht. Noch weiter südlich dann sind kaum noch Urlauber anzutreffen, dabei können einzelne Strände entlang des gut ausgebauten Highways Richtung Phuket den Strandparadiesen auf den Inseln locker Konkurrenz machen. Kulturell ist zwar an dieser Küste nichts Spektkuläres geboten, aber vereinzelte Tempelanlagen, kleine Museen und verschlafen-sympathische Provinzstädtchen lohnen den Zwischenstopp allemal.

SANSIRI
THE JOY of HUA HIN

▲ Wenn die heiße Jahreszeit nahte, dann reiste die königliche Familie bereits Anfang des 20. Jahrhunderts nach **Hua Hin** ans Meer. Der schmucke Bahnhof des Badeorts erinnert daran, dass die Royals mit dem Zug ankamen.

Seit über 150 Jahren wird die Tropfsteinhöhle **Khao Luang** bei Phetchaburi an der Golfküste als buddhistische Kultstätte genutzt. Wegen ihrer atemberaubenden Naturschönheit ist sie eine der berühmtesten Höhlen Thailands.

▲ Rund ein Zehntel aller Vogelarten weltweit leben als Brut- oder Zugvögel in Südthailand. Ihr auffälligster Vertreter ist der prächtige schwarzgelbe **Nashornvogel,** der eine Flügelspannweite von bis zu drei Metern haben kann.

▲ Während sich die großen Vertreter der Tierwelt in freier Wildbahn selten blicken lassen, sind Exemplare verschiedener Affenarten häufig zu finden, besonders die zu den Makaken gehörenden **Schweinsaffen.**

▲ Strände gibt es trotz der geringen Inselgröße viele auf Ko Tao. Einer der populärsten ist der im Süden gelegene **Chalok Ban Kao Beach.** Er ist zum Baden zwar nicht so geeignet, wird aber gerne von Tauchern angesteuert.

▲ Und vor dem Fenster nur Blautöne: Im Boutiqueresort Charm Churee Villa an der **Jansom Bay** auf Ko Tao spielen das Meer und der Himmel in allen Schattierungen die Hauptrolle.

▲ Was das Tauchen und Schnorcheln im Golf von Thailand angeht, steht **Ko Tao** einzigartig da, denn das Meer ist sauber und glasklar, und Dutzende Korallenriffe entführen in eine märchenhafte Unterwasserwelt.

Allabendlich gibt sich die internationale Community des **Sai Ri Beach** von Ko Tao in der Fizz Beach Bar ein Stelldichein zum Sunset-Drink. Dank der relaxten Atmosphäre und groovigen Sounds bleiben die meisten Besucher hier auch zum Dinner hängen.

▲ Viele kulturelle Darbietungen, hier **klassisches thailändisches Tanztheater** auf Ko Samui, haben eine lange Tradition. Trotz Kommerzialisierung spielen sie bis heute eine durchaus wichtige Rolle im gesellschaftlichen Leben.

◀ Alle Gattungen der thailändischen **Musik** klingen für Zuhörer aus dem Westen exotisch und fremd. Besonders die klassische Musik, die das Tanztheater instrumental begleitet, weist eine ungewohnte Klangästhetik auf.

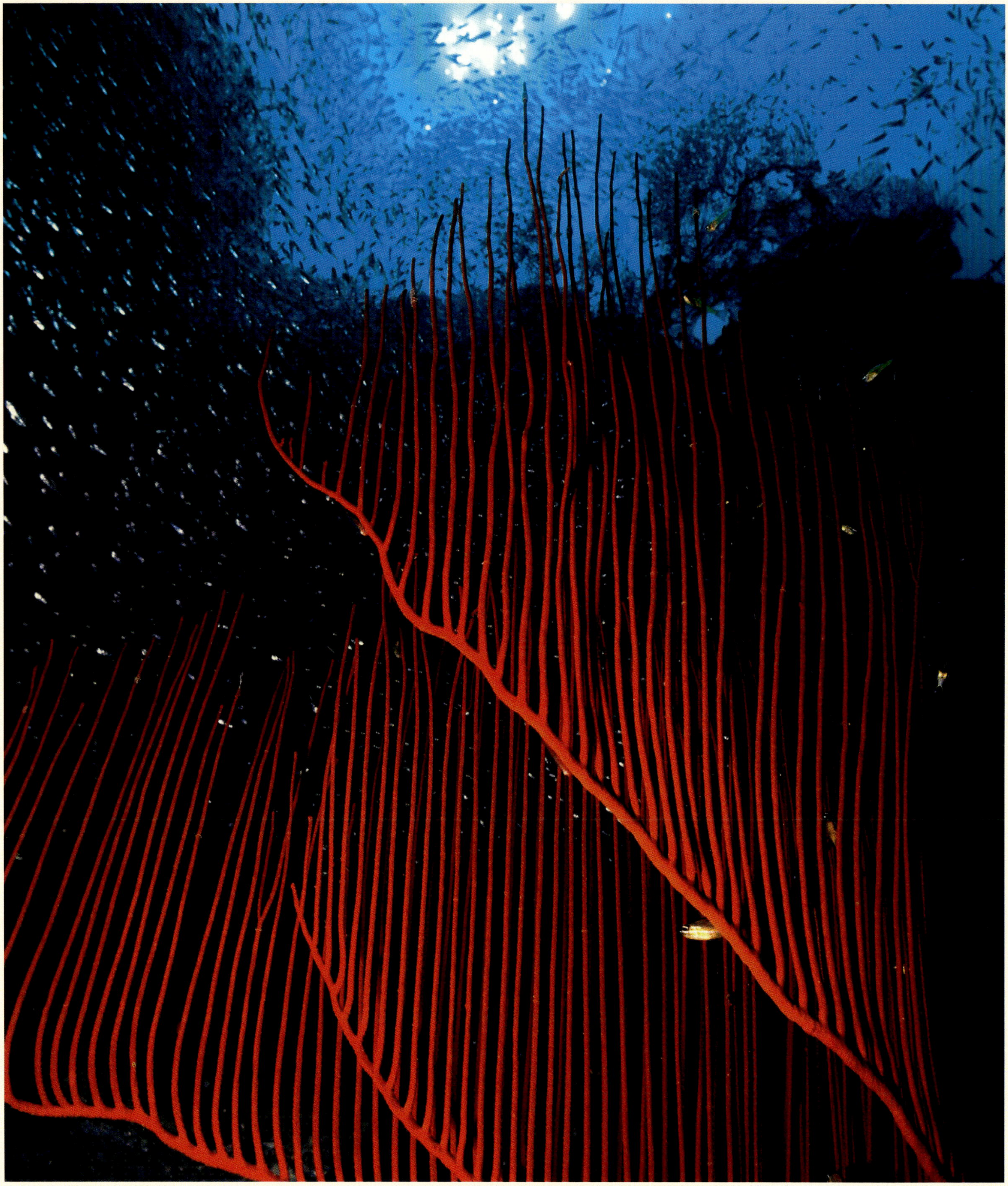

▲ Die **Kammkoralle** macht ihrem Namen alle Ehre. Wobei ihre englische Bezeichnung vielleicht noch treffender ist: *gorgonian harp.* Die Vertreterin der Hornkorallen wirkt hier tatsächlich wie eine Unterwasserharfe.

Filigrane Unterwasserwelten

Korallenriffe

Die Dutzende von Korallenriffen im Golf von Thailand und in der Andamanensee entführen in eine märchenhafte Welt. Sie wird belebt von einer ungemein artenreichen Fauna und Flora und zählt zu den großartigsten und zugleich bedrohtesten Naturschönheiten des Königreichs.

Das Korallenriff ist nach dem tropischen Regenwald das komplexeste Ökosystem auf Erden und wird von mehr als 100 000 Spezies bevölkert. Dabei fängt alles winzig und unscheinbar mit den mikroskopisch kleinen Larven der Korallenpolypen an. Sie treiben so lange im Meer dahin, bis sie sich an einen passenden Ort anheften können, wo das Wasser warm genug (zwischen 20 und 30 Grad) und klar und der Meeresboden nicht zu tief ist (maximal 50 Meter). Langsam wachsen sie zu bis zu zehn Millimeter großen Korallenpolypen heran, bilden ihr Kalksteingehäuse, ihr ›Skelett‹, und pflanzen sich fort. Wieder treiben Larven davon, aber aus Ästen oder Knospen entstehen auch ungeschlechtlich Tochterpolypen. Alte Polypen sterben ab, die Kalkskelette bleiben, neue Polypen ›bauen‹ weiter und das Riff wächst jedes Jahr um durchschnittlich einen Zentimeter.

▲ Die eindrucksvollsten **Tauchreviere** im Golf von Thailand finden sich rings um Ko Tao, das mit seinen 30 Spots unter deutschen Unterwasser-Freaks nicht umsonst den Namen ›Ko Tauch‹ trägt.

▲ In der Unterwasserwelt Thailands sorgen die Vertreter der Familie der Riffbarsche, zu der auch der zitronengelbe **Goldene Riffbarsch** zählt, für leuchtende Farbakzente.

Der Schwerkraft scheinbar entronnen, geht es hinab in geheimnisvolle Bläue zu einer ästhetischen Erfahrung ohnegleichen: Über bizarren Strukturen schießen Heerscharen von Fischen unter leuchtend gefärbten Fahnen auf Nahrungssuche umher und verwandeln das Riff in ein atemberaubendes Gebilde voller Formen und Farben. Nach Einbruch der Dämmerung ziehen sie sich in ihre Nachtquartiere zurück und dann erblüht das Riff zur Nachtschicht. Jetzt erfolgt die Nahrungsaufnahme der Korallenpolypen, die ihre wogenden und bunten Tentakel entfalten, mit deren Hilfe sie mikroskopisch kleines Plankton fangen.

Millionen winziger Fische, Krabben, Würmer und Krebse in den Höhlungen des Riffs ernähren sich ebenfalls von Plankton, werden zur Beute der Riffräuber, die von noch größeren – etwa Haien – gefressen werden. Ganz oben in der Nahrungskette steht dann der Mensch, dessen Bevölkerungswachstum hauptsächlich verantwortlich ist für die akute Bedrohung aller Korallenriffe weltweit, so auch in Thailand, wo man heute in rund zwei Dutzend Meeresnationalparks insbesondere im Bereich der Andamanensee das so ungemein empfindliche Ökosystem zu bewahren versucht. Aber trotz des Naturschutzgedankens, der in Thailand schon in den 1960er-Jahren aufkam, werden auch hier immer mehr Riffe mit immer ausgeklügelteren Fangmethoden als Fischereigründe genutzt und immer mehr Abwässer und Sedimente ins Meer gespült. Auch der Muschel- und Zierfischhandel für Aquarienliebhaber hat längst gefährdende Ausmaße angenommen und trägt ebenso wie die Klimaerwärmung und der Tourismus vielerorts zur fortschreitenden Zerstörung bei. Angesichts dessen kommt man nicht umhin, dem Tourismusexperten Professor Torsten Kirstges aus Wilhelmshaven Recht zu geben, dem das geflügelte Wort zu verdanken ist: »Der Tourist zerstört, was er sucht – indem er es findet.«

▲ Intakte Korallenriffe, Kaiserfische, Barrakudas, Riesenkugelfische und viele kleine Höhlen zum Durchtauchen, aber so gut wie keinen Strand findet man in der **Hin Wong Bay** im Nordosten von Ko Tao.

Türkisblau das Meer, schneeweiß der Strand und sattgrün die Kokospalmen: Paradefotos von Ko Samui, hier der **Lamai Beach,** zieren unzählige Thailandprospekte, denn die Insel gilt als ›die‹ Strandsensation Südostasiens.

▲ **Muscheln** gibt es ›wie Sand am Meer‹. Mit ein wenig Kreativität lässt sich aus ihnen zum Beispiel hipper Robinson-Schmuck für den Strandgang oder auch ein exotischer Muschelvorhang für den Bungalow fertigen.

▶ Westlich von Ko Samui liegt **Ko Wua Talab**. Wer den halbstündigen Aufstieg auf den Utthayan Hill in Angriff nimmt, wird mit einem herrlichen Ausblick über die benachbarten Inseln belohnt.

▲ Im glasklaren Wasser der **Andmanensee** finden Taucher und Schnorchler ihr Paradies. Traumhaft ist auch die Temperatur des Meeres: Sie schwankt leicht zwischen 27,5 °C im Winter und 30 °C im Sommer.

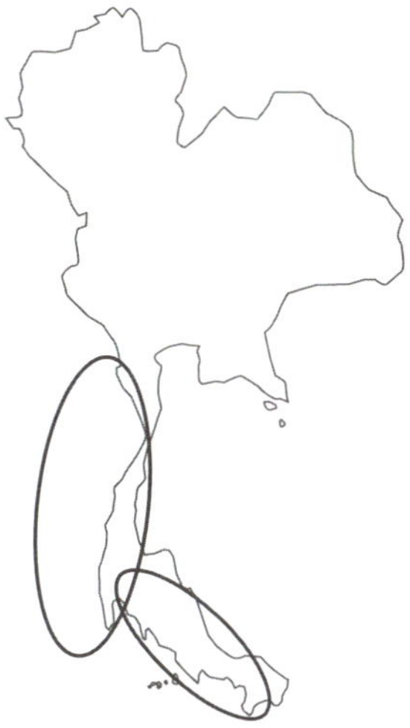

Andamanen-see

Die rund 900 Kilometer lange Andamanenküste mit ihrer Märchenwelt unter Wasser und ihren schimmernden Wellen, die sich an Traumstränden brechen, ist der Inbegriff eines tropischen Paradieses. Bizarre Kalksteinformationen bilden auf den Inseln wie auf dem Festland den atmosphärischen Hintergrund für ein Dorado sonnenhungriger Reisender und Aktivurlauber. Wieder, muss man sagen: Khao Lak etwa oder Ko Phi Phi wurden am 26. Dezember 2004, mitten in der Hochsaison, fast vollständig zerstört, als die Riesenwellen eines Tsunamis die Küste und die Inseln überrollten. Nirgendwo sonst stammten so viele Opfer aus so vielen unterschiedlichen Ländern wie hier. Der – nicht an jeder Stelle gelungene – Wiederaufbau läuft immer noch, aber mittlerweile kann hier wieder jeder auf seine Weise glücklich werden. Egal, ob er einsame Robinson-Crusoe-Eilande oder Ferienzentren mit großem Freizeitangebot bevorzugt.

▲ Wenn die Sonne am Horizont versinkt und den Ozean in überschwängliche Farben taucht, gehört der **Nang Thong Beach** von Khao Lak nicht mehr den Schwimmern und Flaneuren, sondern den Romantikern.

◀ Eigentlich ist das wunderschön angelegte JW Marriott Khao Lak Resort & Spa am **Khuk Khak Beach** um seinen Pool herumgebaut. Mit 16 000 Quadratmetern ist die Schwimmanlage die größte Südostasiens.

▲ **Patong Beach** ist der Gegenentwurf zu all den einsamen Sandstränden Südthailands. Hier ist Party, Nightlife und jede Menge Action angesagt, wie zum Beispiel ein Himmelsritt beim Parasailing.

Eine der aufregendsten Etappen einer Bootstour in den von Traumstränden gesäumten **Ko-Hong-Archipel** ist die Fahrt durch einen schmalen Kanal zu einer Kraterlagune, die mit bizarren Kalksteinformationen fasziniert und auf Thailändisch *hong* (›Zimmer‹) genannt wird.

▲ Den **Khao-Sok-Nationalpark** im Schlauchboot zu erleben, ist ein besonderes Abenteuer. Zumal auf dem Weg durch den sich von den Abholzungen erholenden Regenwald noch die Lum-Khlong-Sok-Stromschnellen warten.

▶ Garantiert mückenfrei: Wer in solchen schwimmenden Hütten im **Khao-Sok-Nationalpark** übernachtet, wird von den Plagegeistern verschont – und kann morgens direkt ins Kajak steigen.

▲ Reisen für Leib und Seele liegen im Trend, darauf haben sich in Südthailand zahlreiche Resorts mit Spa- und Wellnessangeboten eingerichtet. Dazu zählt auch die **traditionelle Thai-Massage** für Körper, Geist und Seele.

▶ Das extrem breit gefächerte Angebot an Unterkünften reicht in Südthailand von der romantischen Palmwedelhütte bis zur Traumvilla in klassischer Teakholzarchitektur wie im Ritz Carlton Resort Phulay Bay bei **Krabi.**

Nur zwanzig Minuten dauert die Überfahrt von Ao Nang, dann erfüllt sich mit dem **Phra Nang Beach** ein Strandtraum. Das Paradies in Weiß, Blau und Grün wurde zu einem der zehn schönsten Strände der Welt gewählt. Kletterer lieben es: Was gibt es Schöneres, als vom Fels direkt ins Wasser zu wechseln.

▲ Wer hoch hinaus will, hat dazu am **Rai Leh East Beach** von Krabi oder am Phra Nang Beach spektakuläre Gelegenheit: Die dortigen Felswände gelten mit rund 600 präparierten Routen als die besten Spots Südostasiens.

Eine gute Kondition erfordert der Aufstieg über die 1273 Stufen der in den Fels gehauenen Treppe hinauf zum **Wat Tham Sua** bei Krabi. Der Gipfel des Klosterberges ist mit einem Buddha bekrönt und belohnt die Ankömmlinge mit einem atemberaubenden Panorama.

▲ Nachdem Krabi und Ko Phi Phi zu touristischen Zielen wurden, wichen Individualurlauber Richtung Süden nach **Ko Lanta** aus. Längst sind hier die Strände auch mit Bungalow-Resorts bebaut.

▲ Eine warme Nacht, leise raschelnde Palmwedel, das sanfte Plätschern der Wellen: Auch wenn auf **Ko Lanta** längst nicht mehr Einsamkeit herrscht, so kann man doch noch echte Tropenträume erleben.

▲ Eine Bungalowanlage auf **Ko Lanta** ist schöner als die nächste. Mehr als hundert von ihnen in allen Preisklassen gibt es mittlerweile auf der Insel, deren Inneres erfreulich unerschlossen geblieben ist.

Noch ist **Ko Hai** ein nahezu unberührter Inseltraum aus weißen Stränden und glasklarem Meer. Auf das kleine, autofreie Eiland vor der Küste von Trang verirrt sich nur, wer dem Rummel rund um Krabi entkommen möchte.

▲ Früher dienten die nahe der malaysischen Grenze gelegenen Inseln wie **Ko Hin Son** Piraten und Schmugglern als Versteck. Getan hat sich seitdem wenig: Die Natur ist überwältigend, die Unterkünfte sind abenteuerlich.

▲ Der **Tarutao-Marine-Nationalpark,** zu dem auch die Insel Ko Hin Son gehört, war das erste Meeresschutzgebiet mit diesem Status in Thailand. Mit seiner Einrichtung 1974 wurden die letzten Seeräuber vertrieben.

▲ So, wie in einem der Bungalow-Hotels in der Chalok-Baan-Kao-Bucht auf **Ko Tao** könnte eigentlich jeder Morgen beginnen. Der drittgrößte Strand der Insel gehört auch zu ihren schönsten.

Thailand auf einen Blick

Bangkok

Bangkok ist seinem Land voraus, präsentiert eine Zukunftsvision des Thailand von morgen, ist aber dennoch der Stützpfeiler und die Säule, das Leben und das Herz des Königreichs. Schon allein wegen seiner exotischen Bausubstanz ist es eine Reise wert. Khrung Thep, die ›Stadt der Engel‹, wie die Thailänder abgekürzt ihre Metropole nennen, lockt mit hochrangigen Sehenswürdigkeiten, einer schillernden Shoppingwelt, edlen Hotels sowie einem pulsierenden Nachtleben und gilt als eine der faszinierendsten Städte Asiens.

1782 verlegte König Rama I. seine Residenz in das Dorf Bangkok. Nach den Ereignissen von Ayutthaya waren es vor allem strategische Gesichtspunkte, die ihn dazu veranlassten, denn die Lage seines neuen Palastes machte diesen gleichzeitig zur Festung. Damit war die Grundlage für die Entwicklung der Stadt gegeben, die nach dem Vorbild der alten Königsstadt Ayutthaya rings um den Palastkomplex entstand und noch nach dem Zweiten Weltkrieg mehr Wasserwege besaß als Straßen. Mitte der 1970er-Jahre setzte eine massive Zuwanderung besonders aus dem von Armut bedrohten Nordosten ein. Nicht zuletzt dank dieses enormen Potenzials an billigen Arbeitskräften kam es zu einem Aufschwung und das Land stieg zu einer regionalen Wirtschaftsmacht auf. In der Folge wuchs Bangkok in die Breite und bald auch in die Höhe. Heute zählt das Stadtgebiet anstatt 13 km^2 wie 1950 über 1600 km^2 und ist Heimat von mehr als acht Millionen Menschen.

Bangkok besitzt über 400 Tempel, mehr als zwei Dutzend gelten bei Kulturreisenden als Pflicht. Die Höhepunkte liegen alle im historischen Zentrum im Umfeld des Platzes Sanam Luang. Bedeutendste Sehenswürdigkeit der Stadt – architektonisches Glanzstück, Schatzkammer thailändischer Kunst und Heimstätte des am meisten verehrten Buddha-Bildnisses des Landes – ist der Komplex des seit Rama I. immer wieder erweiterten Wat Phra Kaeo und des Royal Grand Palace.

Baiyoke 2 Tower

Der größte Panorama-Kick von Bangkok ist eine Fahrt mit dem Highspeed-Aufzug des Baiyoke 2 Tower im Stadtviertel Pratunam. Nicht einmal 60 Sekunden benötigt er, um Passagiere zur Aussichtsplattform des mit 304 m höchsten Gebäudes Thailands hinauf zu befördern. Das Gebäude wurde von dem Bangkoker Büro Plan Architect entworfen und beherbergt ein Vier-Sterne-Hotel.

Kapelle im Nationalmuseum

Chinatown

Von der Bootsanlegestelle Ratchawong Pier aus erreichen Stadtbummler Chinatown, eines der am dichtesten besiedelten Viertel der Stadt. Das Herz des Stadtteils bilden die **Sampeng Lane** und die **Itsaranuphap Lane.** Besuchenswert ist der etwas weiter östlich an der Charoen Krung gelegene **Wat Leng Noi Yee** (auch Wat Mangkon, 1871), der bedeutendste chinesische Tempel in Thailand. Über die **Thanon Chakrawat** mit ihren Devotionalienläden geht es zum **Pahuraht Market** mit dem benachbarten **Gurdwara Siri Guru Singh Sabha** (1933), dem größten Sikhtempel außerhalb Indiens.

Jim Thompson House

Der amerikanische Unternehmer und Kunstsammler Jim Thompson, der die thailändische Seidenindustrie weltweit bekannt machte, ließ die sechs traditionellen Teakhäuser im altthailändischen Stil aus der Nähe von Ayutthaya nach Bangkok bringen. Heute ist das von einem paradiesischen Garten umgebene Ensemble ein Museum für Thompsons Sammlung südostasiatischer Kunst (www.jimthompsonhouse.com).

Königliches Barkenmuseum

Das Museum zeigt über 50 prunkvolle Zeremonienboote, darunter die aus einem Teakstamm gefertigte, 46 m lange Königsbarke.

Lak Muang

Südöstlich des Platzes Sanam Luang befindet sich ein kleines, tempelartiges Bauwerk, das den offiziellen Mittelpunkt Bangkoks birgt: den phallusförmigen Lak Muang, den von König Rama I. niedergelegten Grundstein der Stadt, der sie vor

Unheil bewahren soll. Auch der Schutzgeist von Bangkok wohnt hier; Tag und Nacht strömen Gläubige herbei, um Hilfe zu erbitten und Opfergaben darzubringen. Wer erhört wird, bedankt sich mit bunten Tüchern oder engagiert eine Tanzgruppe, die im Tempelhof klassische Tänze aufführt.

Nationalmuseum

Die größte und bedeutendste Kunstsammlung in Asien ist in der einstigen Residenz des Vizekönigs untergebracht. Der verschachtelte Komplex beherbergt Artefakte aus allen Epochen von der Prähistorie bis in die Neuzeit, darunter die Krönungsinsignien früherer Könige. Neben Skulpturen unterschiedlicher Stilrichtungen können Musikinstrumente, Bücher, Masken, Holzschnitzereien und viele andere Kunstschätze bewundert werden. Auf dem Gelände steht auch der Tempel Wat Buddhaisawan (1795) mit original erhaltenen Wandmalereien (www.thailandmuseum.com).

Royal Grand Palace

Bis 1946 diente der Palast als Residenz des Königs. Kunstkenner richten ihr Augenmerk heute vor allem auf den 1789 als Audienzhalle errichteten **Dusit Maha Prasat,** der mit seinem neuneckigen Chedi auf vierfach gestaffeltem Dach als Beispiel unverfälschter klassischer Thai-Architektur gilt. Als eines der schönsten Gebäude im traditionellen Stil wird der östlich angrenzende **Amporn Phimok Prasat** in der Literatur oft erwähnt. Die hölzerne Umkleidehalle des Königs wird als vollkommenster Pavillon des Landes gerühmt. Erst auf den zweiten Blick offenbart sich die Schönheit der minutiös gearbeiteten Schnitzereien und die Harmonie der Proportionen. Die königliche Residenz **Chakri Maha Prasat,** 1872 im Zentrum des Palastkomplexes erbaut, vereint in einer eigenwilligen Mischung thailändische und europäische Stilformen. Sie wird der seit 1800 andauernden Bangkok-Periode zugerechnet. Der innere Palastbereich wird noch vom König genutzt und ist daher nicht zugänglich (www.palaces.thai.net).

Vimanmek-Palastmuseum

König Rama V. ließ den Bau 1901 als Palast errichten. Mit seinen vier Stockwerken ist er das größte Teakholzgebäude der Welt. 1982 wurde der Palast restauriert und in originaler Ausstattung als Museum wiedereröffnet.

Wat Arun

Am westlichen Ufer des Chao Phraya erhebt sich der ›Tempel der Morgenröte‹, dessen 74 m hoher zentraler Turmbau (um 1850) mit Tausenden von farbig lackierten chinesischen Porzellanstücken dekoriert ist und als Bangkoks Wahrzeichen gilt. Auf einer Außentreppe kann man bis in eine Höhe von 20 m emporsteigen. Von dort eröffnet sich ein faszinierendes Panorama auf die Tempelanlage, den Fluss, den Wat Po und den Königspalast (www.watarun.org).

Wat Phra Kaeo

Unter den eindringlichen Blicken von gewaltigen Dämonen, die paarweise die insgesamt sechs Eingangstore bewachen und mit ihren grellen Farben eine abschreckende Wirkung auf böse Kräfte haben sollen, erreicht man den eigentlichen Tempelbezirk des Wat Phra Kaeo. Der angrenzende Wandelgang illustriert die auf dem indischen Epos Ramayana beruhende Nationaldichtung »Ramakien«, die den Sieg des Guten über das Böse symbolisiert. Der **Bot** ist das rechteckige zentrale Heiligtum einer jeden Klosteranlage. Es zeigt stets gen Osten, wohin Buddha blickte, als er Erleuchtung erlangte, und weist ein mehrfach gestaffeltes Dach auf, das mit glasierten Keramikkacheln geschmückt ist. In dem mit prachtvollen Wandmalereien ausgestatteten Innern finden Ordinationsfeierlichkeiten statt. Hoch über den Gläubigen thront auf einem goldenen Altar die unermesslich kostbare Statue des **Emerald Buddha** (Smaragd-Buddha), die ihrem Namen zum Trotz aus Jade gefertigt und nur 66 cm hoch ist. Die Thais sprechen dem vor über 500 Jahren im Norden des Landes entdeckten Abbild Buddhas göttliche Macht zu. Das **Königliche Pantheon** birgt die Urnen der verstorbenen Chakri-Könige. Gekrönt wird es von einem Prang, einem phallusförmigen Tempelturm, der dem kosmischen Berg Meru nachempfunden ist. An seinem pyramidenförmig gestuften Dach erkennbar, erhebt sich mit der **Bibliothek** ein klassisches Mondhop, in dem die heiligen Schriften aufbewahrt werden. Der mit vergoldeten Ziegeln überzogene Haupt-Chedi, auch als **Goldene Pagode** bezeichnet, birgt Reliquien, angeblich von Buddha selbst.

Wat Po

Der größte und älteste Tempelbezirk der Stadt zieht mit 95 Ziertürmen die Blicke auf sich. 1789 errichtet, bildet er ein Gewirr von Einfriedungen, Wandelgängen, Lehrsälen und Gebetshallen. Er wird von mehreren Hundert Mönchen bewohnt, ist Sitz der bedeutendsten Schule für traditionelle Thaimedizin und Thaimassage und beherbergt den größten und berühmtesten liegenden Buddha des Königreichs. Knapp 400 weitere, meist vergoldete Buddhafiguren aus verschiedenen Epochen können in den Galerien rings um das Heiligtum bestaunt werden (www.watpho.com).

Wat Arun am Ufer des Chao Praya

Wat Saket – Golden Mount

Der 79 m hohe, künstlich aufgeschüttete und von einem goldenen Chedi gekrönte Berg des Wat Saket markierte bis in die 1960er-Jahre hinein die höchste Erhebung von Bangkok. 318 Stufen führen hinauf zu der Kuppel, die einen faszinierenden Blick über Downtown Bangkok bietet und daher zu den meistbesuchten Attraktionen der Stadt zählt.

Zentralthailand

Ayutthaya

Dank ihrer zahllosen Tempelruinen gehört die ehemalige Königsstadt (heute ca. 60 000 Einwohner) zum Unesco-Welterbe. Ihre Geschichte geht auf das Jahr 1350 zurück, als sie von Rama Thibodi I. als Machtzentrum des Königreichs Siam gegründet wurde, das sich zum mächtigsten Staat ganz Südostasiens entwickelte – bis 1767, als die Burmesen die Metropole angriffen und zerstörten. Zuvor hatten allein auf der Flussinsel über 370 Tempelanlagen gestanden.

► *Sehenswert* Die attraktivsten Ruinen liegen etwas außerhalb der extrem weitläufigen Stadt. Hervorzuheben sind der mit hohen Turmbauten im Khmer-Stil beeindruckende **Wat Chai Wattanaram** (1630), der im 15. Jahrhundert beim Königspalast errichtete **Wat Phra Si San Phet,** der aus dem 14. Jahrhundert stammende **Wat Mahathat,** der von einem Chedi gekrönte und mit über 100 Buddhastatuen geschmückte **Wat Yai Chai Mongkul** sowie der **Wat Phu Kao Thong,** der mit seinem schiefen Chedi besonders bei Sonnenuntergang ein faszinierendes Bild abgibt.

Das **Ayutthaya Historical Study Center** in der Thanon Rotchana versteht sich als Forschungsinstitut und Museum und dokumentiert mit Modellen, Dioramen und interaktiven Bereichen die faszinierende Geschichte der alten Metropole und ihres Reiches. Votivgaben, archäologische Funde, insbesondere ein unter einem Tempel ausgegrabener Goldschatz, sind im Palastbau des **Chantarakasem National Museum** ausgestellt.

Bang Pa In

Die Sommerresidenz der thailändischen Könige von Bang Pa In in einer weitläufigen Parkanlage geht auf das 17. Jahrhundert zurück und vereint auf kleinstem Raum ein faszinierendes Nebeneinander von Palästen. Sie wurden in den unterschiedlichsten Stilen errichtet – hier ein Holzpavillon im Thai-Stil, dort ein ›italienisches‹ Schloss neben einem Wassertempel in thailändisch-viktorianischem Mischstil.

Kanchanaburi

Die nahe der Grenze zu Myanmar gelegene Stadt ist wegen ihrer ›Brücke am Kwai‹ und der ›Todesbahn‹ weltbekannt. Die Namen beziehen sich auf die Eisenbahnverbindung, die Japans Armee im Zweiten Weltkrieg von Juni 1942 bis Oktober 1943 zwischen Burma und Thailand bauen ließ. Durch die unmenschlichen Bedingungen beim Bau verloren mehr als 100 000 asiatische Zwangsarbeiter und alliierte Kriegsgefangene ihr Leben. Bis heute wird der Toten hier gedacht. Die im späten 18. Jahrhundert als Grenzfestung gegründete Provinzmetropole (65 000 Einwohner) bietet aber auch in landschaftlicher Hinsicht zahlreiche Attraktionen.

Sightseeing auf Elefantenrücken

► *Sehenswert* Die berühmte **Brücke am Kwai** im Norden der Stadt (5 km außerhalb) ist eine schlichte Stahlkonstruktion. Riesige **Soldatenfriedhöfe** erinnern an das große Sterben, das hier im Zweiten Weltkrieg stattgefunden hat. Die Kriegsgedenkstätte **Don Rak** gegenüber vom Bahnhof ist jenen Kriegsgefangenen gewidmet, die beim Bau der ›Todesbahn‹ umkamen. Südlich vom Zentrum sind zahlreiche Tempelanlagen zu finden, teils in Kalksteinhöhlen; die sehenswertesten sind der **Wat Tham Khao Laem** und der chinesisch inspirierte **Wat Tham Mangkon Thong,** von dem eine mit Drachen flankierte Treppe auf den Gipfel eines Aussichtshügels führt. Die Geschichte der Kriegsgefangenen von Kanchanaburi thematisiert das **JEATH-Kriegsmuseum** (JEATH: Japan, England, Australien, Thailand, Holland), das in originalgetreu nachgebauten Wohnhütten der Kriegsgefangenen untergebracht ist. Anhand von Briefen und anderen Exponaten veranschaulicht es das Elend der Unglücklichen. Vorwiegend der ›Todesbahn‹ ist das moderne, interaktive **Thailand Burma Railway Centre** gewidmet (www.tbrconline.com).

► *Umgebung* Weitgehend im chinesischen Stil gehalten ist der **Wat Ban Tham** rund 5 km südlich von Kanchanaburi, in den es über rund hundert Stufen und durch einen Drachenschlund geht. Die Haupthöhle birgt eine mächtige Buddhafigur, einen Fußabdruck Buddhas und die Statue einer wundertätigen Frau. Der rund 40 km nordwestlich von Kanchanaburi gelegene **Wat Pha Luang Ta Bua** ist als Tiger-Tempel bekannt; sei-

ne Attraktion sind die Großkatzen, die man sogar streicheln kann (was man sich aber den Tieren zuliebe gut überlegen sollte).
Im Grenzgebiet zu Myanmar liegen zahlreiche Nationalparks, die faszinierende Berg-, Wald- und Flusslandschaften erschließen. Herausragend sind der **Erawan-Nationalpark** (550 km²) und der **Sai-Yok-Nationalpark** (500 km²), beide mit spektakulären Wasserfällen. Der schönste aber ist der **Tham-Than-Lot-Nationalpark** (auch Chalerm-Rattanakosin-Nationalpark, 59 km²) mit bizarren Kalksteinformationen im Urwaldsaum.

Lopburi

Zwischen dem 7. und dem 11. Jahrhundert war Lopburi (heute 60 000 Einwohner) – eine der ältesten Siedlungen Thailands – das Zentrum des von den Mon gegründeten buddhistischen Dvaravati-Reichs. Glanzlicht der zahlreichen historischen Bauwerke, von denen einige über 1200 Jahre alt sind, ist der **Phra Narai Ratchaniwet** aus dem 17. Jahrhundert. Der von König Narai errichtete Palast vereint europäische und thailändische Architekturstile.

Mae Sot

Das beschauliche Städtchen in unmittelbarer Nähe der Grenze zu Myanmar war in der Vergangenheit aufgrund seiner exponierten Lage oftmals Zankapfel zwischen Burmesen und Thais. Es bietet keine Sehenswürdigkeiten im klassischen Sinn, bietet aber viel authentisches Leben und jede Menge Ausflugsmöglichkeiten. Westlich der Stadt überspannt die **Thai-Burmese Friendship Bridge** den Grenzfluss Mae Nam Moei.

Nakhon Pathom

Mit dem Chedi Phra Pathom beheimatet die Provinzstadt (130 000 Einwohner) das wichtigste buddhistische und gleichzeitig das älteste Heiligtum Thailands. Die Geschichte des Ortes reicht bis in das 1. Jahrhundert vor unserer Zeitrechnung zurück, damals lag er noch am Meer. Mönche aus Ceylon oder Indien sollen hier erstmals auf thailändischem Boden die Lehre Buddhas verkündet haben. Vom 6. bis 11. Jahrhundert war die Stadt Zentrum mehrerer Mon-Königreiche.

► *Sehenswert* Schon von Weitem ist der 127 m hohe, golden strahlende Turmbau des **Chedi Phra Pathom** zu sehen. Er wurde 1853 auf den 40 m hohen Überresten einer Stupa aus dem 6. Jahrhundert erbaut. Goldene Kacheln bedecken das gewaltige Monument, umgeben von einem Säulengang mit vier Kapellen zu den wichtigsten Aspekten der Lehre des Erleuchteten. Von dem Chedi im inneren Stadtzentrum sind es 2 km zum **Sanam-Chandra-Palast,** der einstigen königlichen Residenz. Im frühen 20. Jahrhundert in einem verspielten thailändisch inspirierten Tudor-Stil errichtet, ist sie einem Märchenschloss teilweise recht ähnlich. 2003 wurde der Palast restauriert und zum Teil in ein Museum umgewandelt. Ausgestellt sind unter anderem persönliche Gegenstände der thailändischen Könige. Am beeindruckendsten ist aber der von einem schönen Park umgebene Bau selbst.

Sangkhlaburi

Malerisch eingebettet liegt die Stadt (25 000 Einwohner) am Ufer des **Khao-Laem-Stausees.** Eine Bootsfahrt auf dem ausgedehnten See gehört zu den Attraktionen der Region. Das alte Sangkhlaburi wird seit 1984 vom Stausee bedeckt und tritt nur bei großer Trockenheit stellenweise zutage.

► *Umgebung* Im Rahmen von organisierten Ausflügen kann man im Umland zahlreiche Dörfer von Burmesen, Karen und Mon besuchen sowie den nahe gelegenen **Three Pagoda Pass,** der die Grenze zu Myanmar bildet.

Sukhothai

Die Ruinen von Thailands erster Metropole bilden die eindrucksvollste Unesco-Welterbestätte des Königreichs. In Sukhothai nahm Thailands Geschichte 1238 ihren Anfang. Die Sukhothai-Periode (bis 1350) repräsentiert die erste Blüte thailändischer Architektur und Kunst.

► *Sehenswert* Der **World Heritage Park** im Süden der Neustadt bedeckt mit über 200 Tempeln und Palästen eine Fläche von über 70 km². Sein Mittelpunkt ist der von Befestigungswällen umgebene, Alt-Sukhothai genannte ehemalige Stadtkern, ein etwa 6 km² großes Rechteck. Bereits hier stehen mehr als 20 Tempelanlagen und in seinem Zentrum erhebt sich mit dem einstigen Königstempel **Wat Mahathat** – er allein besitzt mehr als 200 Chedis – die mit Abstand eindrucksvollste Ruine der Stadt. Das in Alt-Sukhothai gelegene **Ramkhamhaeng National Museum** zeigt faszinierende Relikte der Sukhothai-Zeit, darunter eine umfangreiche Sammlung der einst in ganz Asien geschätzten Sawankhalok-Keramik, die in Sukhothai ihren Ursprung hat (www.thailandmuseum.com).

► *Umgebung* Zum Unesco-Welterbe-Bereich gehört auch **Si Satchanalai,** die Schwesterstadt von Sukhothai, die zusammen mit ihr unterging. Im Innern des von einer dreifachen Stadtmauer umschlossenen Si Satchanalai Historical Park liegen außer dem ehemaligen Königspalast Dutzende Tempelanlagen.

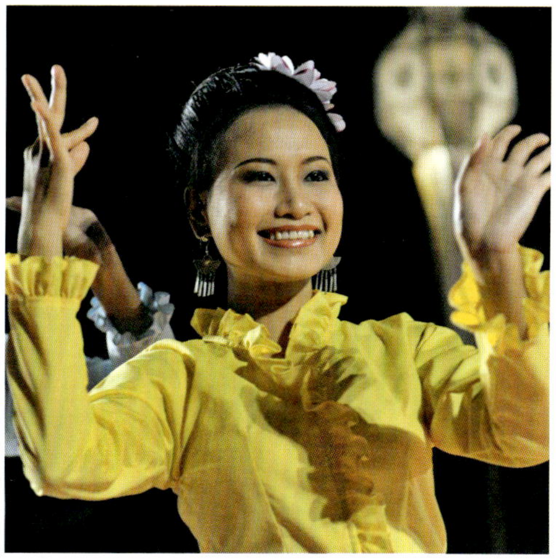

Traditioneller thailändischer Tanz

Umphang

Das 165 km südlich von Mae Sot gelegene, eher selten von ausländischen Touristen besuchte Städtchen in einem Naturschutzgebiet ist Ausgangspunkt für einen Besuch des **Ti Lo Su,** der als der höchste und beeindruckendste Wasserfall ganz Thailands gilt und samt seinem Urwald-Umland von der Unesco als Weltnaturerbe geführt wird. Im Rahmen von Raftingtouren auf dem **Mae Klong,** einem der schönsten Flüsse Thailands, kann man seinen Dutzenden Katarakten nahe kommen. Bekannt ist der Ort auch als Ausgangspunkt für Elefantentreks und Ausflüge in Karen-Dörfer.

Nordthailand

Chiang Mai

Die Stadt der Tempel, Märkte und des Kunsthandwerks ist die Kulturmetropole des Nordens. Gegründet wurde sie 1298 von König Mengrai als Residenz des Thai-Königreichs Lan Na (›Land der Millionen Reisfelder‹). Während der Blütezeit im 15. Jahrhundert umfasste dieses Reich große Teile des heutigen Myanmar und von Laos. Die Kriege mit dem Thai-Königreich Ayutthaya zehrten das Land zunehmend aus. 1556 wurde es von Burma unterworfen. Erst 1774 konnte König Thaksin Lan Na als Vasallenstaat ins Königreich Siam eingliedern. Chiang Mai war eines der Macht- und Kulturzentren Indochinas. Den Anschluss an die Neuzeit fand die heute zweitwichtigste Stadt des Landes (140 000 Einwohner) und wichtigste Stadt des Nordens 1919 durch die Eisenbahnverbindung mit Bangkok und den lukrativen Handel mit Teakholz.

► *Sehenswert* Die Hauptsehenswürdigkeiten liegen im Innern der von einem Wassergraben sowie teils noch von Befestigungswällen umgebenen Altstadt. Herausragend ist der Tempelkomplex **Wat Phra Singh** von 1345. Eines der am besten erhaltenen Beispiele klassisch thailändischer Architektur ist der aus Teakholz errichtete Mondhop. Der **Wat Chiang Man,** von König Mengrai als Residenz errichtet und ältester Tempel der Stadt, zeigt an den Giebelfeldern herausragende Teakholzschnitzereien. Der Kunst- und Kulturgeschichte des La-Na-Reichs widmet sich das **Chiang Mai National Museum** (www.nationalmuseums.finearts.go.th) während das **Old Chiang Mai Culture Centre** unter anderem mit Kulturshows und dem größten Textilmuseum des Landes beeindruckt (www.oldchiangmai.com).

► *Umgebung* Mit seinen Buddha-Reliquien gilt der 15 km westlich gelegene **Wat Phra That Doi Suthep** als *der* Tempel des Nordens. Im malerischen **Mae Sa Valley,** 30 km nördlich, lassen sich Orchideenfarmen, Elefantencamps, Wasserfälle und ein botanischer Garten besichtigen. Ein Muss ist der Besuch des **Wat Phra That Lampang Luang** aus dem 7. Jahrhundert, mit seinen reich beschnitzten Teakholzbauten. Nicht nur in Thailand einzigartig ist das **National Elephant Institute** bei Hang Chat (www.changthai.com).

Chiang Rai

Das ›Tor zum Goldenen Dreieck‹ ist ein beliebter Ausgangspunkt für Treks zu den Bergvölkern. 1262 von König Mengrai gegründet, ist die Stadt älter als Chiang Mai, kulturell aber weniger bedeutend.

► *Sehenswert* Das **Hilltribe Museum and Handicraft Centre** gibt einen Überblick über die Bergvölker des Nordens. Besuchenswert ist der **Night Bazaar.**

Angehörige des Karenvolkes

Goldenes Dreieck

Das Dreiländereck Thailand, Myanmar und Laos ist nach Chiang Mai *der* Touristenmagnet des Nordens. Man besucht es am besten von **Mae Sai** (26 000 Einwohner) aus, das nur durch den Maenam Sai von Myanmar getrennt ist, oder von **Chian Saen** (55 000 Einwohner) aus.

► *Umgebung* 10 km nordwestlich von Chiang Saen liegt der **Golden Triangle Park** mit einem Opiummuseum.

Mae Hong Son

Hauptattraktionen der ›Stadt des Nebels‹ sind ihre reich geschmückten Tempel und ihr Umland.

► *Sehenswert* Die burmesischen Einflüsse finden ihren schönsten Ausdruck in der Tempelarchitektur des **Wat Chong Klang,** des **Wat Chong Kam** und des **Wat Phra That.**

► *Umgebung* Von den vielen Naturschönheiten ist die **Tham-Lot-Tropfsteinhöhle** bei Soppong die bedeutendste. Bei Sonnenuntergang fliegen Myriaden von Schwalben in die grotte und Myriaden von Fledermäusen schwärmen aus ihr heraus.

Mae Salong

In der wunderschön auf einem Bergkamm gelegenen Stadt leben fast ausschließlich Chinesen. Gegründet wurde sie von Soldaten des 93. Kuomintang-Regiments, die vor Mao Tse-Tung aus China geflohen waren.

Pai

In einem Flusstal im Saum waldgrüner Berge gelegen, ist der Ort eines der Hauptzentren des Hilltribe-Trekking-Tourismus. Ein Ziel in der Umgebung sind die heißen Quellen **Pong Duet.**

Ostthailand

Ban Chiang
Tier- und Menschenknochen sowie Keramiksplitter und Werkzeuge birgt die berühmte **Nekropole** beim gleichnamigen Dorf. Die kostbarsten der bis zu 10 000 Jahre alten Funde werden im **Ban Chiang National Museum** gezeigt.

Khao-Yai-Nationalpark
Mit seinen ausgedehnten Monsunwäldern gilt der zum Unesco-Naturerbe zählende Nationalpark – der älteste und zweitgrößte Thailands (2172 km²) – als eines der letzten Refugien für wild lebende Elefanten, Tiger, Leoparden, Bären und andere Säugetiere.

► *Sehenswert* Zu den Highlights gehören die Wasserfälle. Der **Nam Tok Haew Narok** (80 m) ist der höchste und spektakulärste, der nur 20 m hohe **Nam Tok Haew Suwat** jedoch der berühmteste, da er in »Der Strand« mit Leonardo DiCaprio eine Rolle spielte.

Ko Chang
Thailands zweitgrößte Insel ist ein Idyll aus schneeweißen Feinsandstränden an smaragdfarbenen Buchten, von Urwald umkränzt. Sie ist als Marine National Park unter Schutz gestellt.

► *Sehenswert* Die Strände an der Westküste der ca. 30 km langen, maximal 14 km breiten und bis über 740 m hohen Insel sind mit Abstand die schönsten. Als Vorzeigestrand gilt der **Hat Sai Khao** (›White Sand Beach‹). Südlich schließt sich der ›nur‹ etwa 6 km lange **Hat Klong Prao** an, gefolgt vom ›Südseestrand‹ **Hat Kai Bae.**

► *Umgebung* Zum **Ko-Chang-Marine-Nationalpark** (650 km²) gehören 51 weitere Inseln, eine ›südseehafter‹ als die andere, alle weniger erschlossen als Ko Chang. Die schönsten Strände bietet **Ko Mak,** Exklusivität die Privatinsel **Ko Kradat. Ko Lao Liang** ist für die vorgelagerten Korallenriffe bekannt. Als Geheimtipps gelten **Ko Wai** und **Ko Kham.**

Nakhon Ratchasima
Die stark wachsende Stadt (140 000 Einwohner) ist der ideale Ausgangspunkt für die Besichtigung der alten Khmer-Heiligtümer von Phimai und des Prasat Phanom Rung Historical Park.

Nong Khai
Die Mekong-Stadt (50 000 Einwohner) gegenüber von Laos ist Ausgangspunkt für Entdeckungstouren ins naturschöne, kulturreiche Umland. Seit 1994 spannt sich die 1774 m lange Freundschaftsbrücke hinüber ins Nachbarland.

► *Sehenswert* Hauptsehenswürdigkeit ist die Ende der 1970er-Jahre begonnene **Sala Kaew Ku** (auch Wat Khaek), ein Skulpturenpark mit Motiven aus der hinduistisch-buddhistischen Mythologie.

Pattaya
Über 6 Millionen Besucher pro Jahr machen das Ferienzentrum (über 200 000 Einwohner) zum meistbesuchten Asiens. In den 1960er-Jahren diente Pattaya amerikanischen Soldaten als Fronturlaubsort. Es ging vor allem um ›Sex & Drugs & Rock 'n' Roll‹. Heute wird alles daran gesetzt, Pattaya in einen Premium-Touristenspot zu verwandeln.

► *Sehenswert* Das **Sanctuary of the Truth** (seit 1981 im Bau) ist das größte je aus Holz errichtete Bauwerk der Welt. Mit zahllosen Skulpturen und Schnitzereien versehen, ragt es an der Küste auf (www.sanctuaryoftruth.com). Pattayas **Underwater World** ist eines der größten Aquarien Asiens (www.underwaterworldpattaya.com).

Großaugen-Bambusotter im Khao Yai

► *Umgebung* **Ban Phe** ist der Fährhafen zur Ferieninsel Ko Samet mit teils bilderbuchschönen Stränden. **Chantaburi** ist für seine Edelsteinschleifereien bekannt.

Phimai
›Angkor Wat Thailands‹ wird die Tempelanlage **Prasat Hin Phimai** auch genannt. Sie lässt deutlich das hinduistisch-buddhistische Weltbild der Khmer erkennen. Die Anlage wurde nach den vier Himmelsrichtungen ausgerichtet, alle Gebäude im Innern des 515 mal 1030 m messenden Komplexes gruppieren sich symmetrisch um das zentrale Turmheiligtum. Die besten Werke der Khmer-Steinmetze sind im **Phimai National Museum** ausgestellt (www.nationalmuseums.finearts.go.th).

► *Umgebung* In spektakulärer Lage auf dem Gipfel eines erloschenen Vulkans erstreckt sich der **Prasat Phanom Rung Historical Park** (120 km östlich), das größte Ruinenfeld Thailands aus der Khmer-Zeit.

Golfküste

Chaiya

Zur Zeit des Srivijaya-Königreichs (8.–13. Jahrhundert) war Chaiya eine bedeutende Handelsstadt. Heute präsentiert sich der nahe der Hafenstadt Surat Thani gelegene Ort eher unspektakulär. Überreste alter Tempel und ein Museum lohnen aber den Besuch.

► *Sehenswert* Etwas außerhalb liegt der **Wat Phra Boromathat Chaiya,** dessen zentraler Chedi (8./9. Jahrhundert) typisch für den Srivijaya-Stil ist. Das **National Museum Chaiya** zeigt Funde aus unterschiedlichen Epochen, zum Teil in Kopie (www.thailandmuseum.com). Der **Wat Suan Mokkh** ist die bei Ausländern populärste Meditationsstätte im Land (www.suanmokkh-idh.org).

Hua Hin

Das urbane Ferienzentrum mit rund 50 000 Einwohnern ist Thailands traditionsreichstes Seebad und Ausgangspunkt für die Entdeckung der nördlichen Golfküste. Die Geschichte des Ortes begann, als König Rama VII. hier 1926 einen Sommerpalast errichten ließ.

► *Sehenswert* Die **Hua Hin Railway Station** aus den 1920er-Jahren ist ein Paradebeispiel klassisch orientierter Thai-Architektur. Königliche Wohnkultur können Besucher im 3 km nördlich vom Stadtzentrum gelegenen, 1926 im spanischen Stil errichteten Palast **Klai Kangwon** auf sich wirken lassen. Den Namen ›Ohne Sorgen‹ gab der König dem Palast möglicherweise in Anlehnung an Schloss Sanssouci. Noch heute dient Klai Kangwon dem Königspaar als Sommerresidenz. Rund 2 km entfernt lohnt ein Besuch des **Phra Ratchaniwet Mrigadayavan** (1924), der als ein Meisterwerk klassisch thailändischer Palastarchitektur gilt.

► *Umgebung* Rund 6 km südlich von Hua Hin beim ehemaligen Fischerdorf und heutigen Ferienzentrum **Takeap** liegt die von einem Tempel gekrönte Höhle **Khao Takeap.** Man erreicht sie über einen von Affen belagerten Treppenweg. Der Blick auf den Ort sowie entlang der Küstenlinie bis nach Hua Hin im Norden und Richtung Khao Sam Roi Yot National Park im Süden ist beeindruckend.

Khaeng-Krachan-Nationalpark

Mit einer Fläche von fast 3000 km² ist dieser Nationalpark das größte Schutzgebiet des Königreichs. Das Regenwald-Refugium, das sich in Höhenlagen von durchschnittlich 500 m erstreckt, ist Heimat zahlreicher bedrohter Tierarten. Abenteurer können im Nationalpark für Tage auf Trekkingtour gehen, aber auch Tagestouren sind möglich. Für Entspannung stehen die kühlen Fluten des rund 46 km² großen **Kaeng-Krachan-Stausees** bereit, der direkt beim Nationalparkamt liegt und auf Bootstouren entdeckt werden kann.

Khao-Sam-Roi-Yot-Nationalpark

Charakteristisch für den direkt an der mangrovengesäumten Küste gelegenen Nationalpark (99 km²) sind 300–600 m hoch aufragende Kalksteinfelsen und ein großer Vogelreichtum. Der Park wurde 1966 als erstes Küstenschutzgebiet Thailands ausgewiesen und ist einer der größten Transitplätze für Zugvögel im Königreich. Auch wer einsame Strandtage erleben will, ist hier richtig.

► *Sehenswert* Großartig ist die Höhle **Phraya Nakhon.** Durch mehrere Felstore geht es in eine große, nach oben offene Tropfsteinhöhle mit Sinterterrassen. In ihrer Mitte erinnert ein kleiner Tempel an König Rama V., der sich bereits 1890 von der Höhle begeistert zeigte. Ein Erlebnis ist auch der Besuch der weiter südlich gelegenen **Tham Sai.** Diese Höhle zeichnet sich durch ein monumentales, kuppelartiges Gewölbe aus, von dem bis zu 15 m lange Stalaktiten herabhängen. Einen guten Blick über die Landschaft ermöglicht der 157 m hohe Aussichtspunkt **Khao Daeng Viewpoint.**

Straßenporträtist in Hua Hin

Ko Pha Ngan

Die rund 170 km² große, stark gebirgige und bewaldete Insel (8000 Einwohner) mutet wild an. Sie lockt ein überwiegend junges Publikum an, noch dominiert dabei der Individualtourismus. Berühmt-berüchtigt ist Ko Pha Ngan für seine Vollmondfeste. Die Strände der Insel umweht noch der Zauber ursprünglicher Schönheit. Als populärster gilt der etwa 500 m lange, puderzuckerfarbene **Hat Rin** im Süden. Die Ostküste besitzt noch verschwiegene Sandbuchten, die schönste ist die kesselförmige Doppelbucht von **Thong Nai Paan** mit ihren von Klippen und Dschungelhügeln umkränzten Feinsandstränden. Treff der Rucksackreisenden ist die **Bottle Beach.** Der auch als Hat Khuat bekannte Strand liegt isoliert im Norden der Insel und erfreut sich wegen der Ruhe und optimalen Badebedingungen großer Beliebtheit.

Ko Samui

Fotos von Ko Samui zieren unzählige Thailand-Prospekte, denn die Insel gilt als *die* Strandattraktion Südostasiens. Mit einer Fläche von 247 km² ist sie die drittgrößte Insel Thailands (50 000 Einwohner). Urlauber finden auf Ko Samui Unterkünfte aller Komfortklassen nebst einem überschäumenden Nachtleben. Doch auch wer Ruhe und Entspannung sucht, kann voll auf seine Kosten kommen. Die Insel ist mit Dutzenden paradiesischen Stränden gesegnet, von denen einige zu den bekanntesten der Welt gehören. Als schönster gilt der rund 6 km lange **Chaweng** mit seinem schneeweißen Sand. Er bietet auch die beste Infrastruktur – Geschäfte, Restaurants, Bars und Diskotheken. Der malerischste Strand ist der rund 1 km lange **Choeng Mon.** Von Palmen und alten Kasuarinen gesäumt zieht sich der blütenweiße feinsandige Strand entlang einer perfekt geformten Halbmondbucht zu einem vorgelagerten Inselchen hin. Junges und nachtaktives Volk bevorzugt den etwa 5 km langen **Lamai** weiter südlich. Familien schätzen den Inselnorden. Hier liegen der 4 km lange **Mae Nam,** wo man ganzjährig gut schwimmen kann, und der 2 km lange **Bo Phut** mit dem Fishermen's Village. Das Angebot an Aktivitäten über und unter Wasser sowie auf dem Lande ist riesig.

▶ *Sehenswert* Zwischen dem Choeng-Mon- und dem Chaweng-Strand an der Ostküste liegt die **Samui Crocile Farm** mit fünf Krokodilarten und der mit gut 4 m Länge angeblich längsten Königskobra des Südens (www.samuicrocodilefarm.com). An der Südküste lädt der **Samui Butterfly Garden** ein, wo Hunderte Schmetterlinge fliegend und aufgespießt zu bewundern sind; auch ein Insekten- und ein Bienenhaus sind angeschlossen.

▶ *Umgebung* Etwa 20 km westlich der Insel erstreckt sich der als Marine National Park ausgewiesene **Ang-Thong-Archipel** mit über 40, teils mit Urwald überwucherten Inseln und einer atemberaubend schönen Lagune. Weltberühmt wurden die bis über 400 m hoch aus dem Meer ragenden Kalksteineilande als Schauplatz des von Alex Garland verfassten Romans »The Beach«. Der gleichnamige Kinohit (auf Deutsch »Der Strand«) wurde allerdings auf Ko Phi Phi gedreht. Dennoch enttäuscht die intakte Inselnatur die durch den Roman geweckten Vorstellungen nicht.

Ko Tao

Fischerboote treiben auf dem gescheckten Malachit des flachen Küstenwassers, Sandstreifen leuchten zwischen Korallenfelsen, grüne Hänge säumen palmenbestandene Strände im Süden und Westen des Eilands, das wegen seiner Form ›Schildkröteninsel‹ genannt wird. Nicht mehr als 7 km ist es lang und nur 3 km breit, dennoch trägt es fast 400 m hohe Berge. In Taucherkreisen hat die Insel (1400 Einwohner) einen hervorragenden Namen. Ihre über 30 Divespots finden nirgends am beziehungsweise im Golf von Thailand ihresgleichen. Strände gibt es trotz der geringen Inselgröße reichlich, die exotischsten auf **Ko Nang Yuang.** Reizvoll ist auch der **Thian Ok** im Süden und am populärsten der 1,7 km lange **Sai Ri** nördlich vom Insel-Hauptdorf.

Phetchaburi

Die Provinzmetropole ist die Kulturhochburg an der Golfküste. Die geschäftige Stadt (50 000 Einwohner) kam im 17. und 18. Jahrhundert dank Edelsteinfunden zu Reichtum. Zuvor war sie für über ein Jahrtausend eine der bedeutendsten Stationen auf dem langen Karawanenweg von der Malaiischen Halbinsel nach Indien gewesen. Aus jener glorreichen Zeit stammen auch die meisten der rund drei Dutzend Tempelanlagen. Die lackierten Dächer und gold schimmernden Türme verleihen der Hauptstadt der gleichnamigen Provinz eine charmante, leicht altertümliche Note. Im Jahr 1860 wurde Phetchaburi von König Rama IV. als Residenzort ›entdeckt‹.

▶ *Sehenswert* Der Stadtplan des Touristenbüros geleitet zu nicht weniger als 20 Tempeln. Bemerkenswert sind insbesondere der **Wat Yai Suwannaram** mit Fresken aus dem 17. Jahrhundert, der **Wat Kamphaeng Laey** mit Stuckdekorationen und alten Mauerresten aus der Khmer-Epoche sowie der aus der Ayutthaya-Periode stammende **Wat Mahatat,** der den Turmheiligtümern der Khmer nachempfunden ist. Der im neoklassizistischen Stil erbaute Königspalast **Khao Wang,** umgeben vom exotischen **Phra Nakhon Khiri Historical Park,** entführt ins 19. Jahrhundert. König Rama IV. ließ die gepflegte Anlage 1860 als Sommerresidenz errichten.

▶ *Umgebung* Die Tropfsteingrotte **Khao Luang** (5 km nördlich) besteht aus einem System untereinander verbundener Höhlen. Inmitten der märchenhaften Unterwelt aus Stalagmiten und Stalaktiten wurden zahlreiche Buddhastatuen aufgestellt. Am eindrucksvollsten präsentiert sich die Hauptgrotte: Zwischen 11 und 14 Uhr fällt hier das Sonnenlicht durch ein Deckenloch und lässt die Figuren und Tropfsteine optisch verzerrt erscheinen.

Strand auf Ko Tao

Andamanensee

Khao Lak

Der beschauliche Ferienort ist Ausgangspunkt zur Entdeckung der mit Naturschönheiten reich gesegneten nördlichen Andamanenküste. Am 26. Dezember 2004 erlangte er traurige Berühmtheit, als drei über 10 m hohe Tsunamiwellen die Küste überrollten. Khao Lak bildet das touristische Zentrum der insgesamt fast 40 km langen Strände. Am ansprechendsten und mit bester touristischer Infrastruktur ausgestattet zeigt sich der durch Felsbänder aufgelockerte **Khao Lak Beach,** der nach Norden in den ruhigeren **Bang Niang Beach** übergeht. Es schließen sich **Khuk Khak** und **Bang Sak Beach** an, der mit Abstand längste Strand der Region. Tauchern stehen mehrere Zentren zur Wahl.

► *Umgebung* Eine Alternative zu Khao Lak ist die nördlich gelegene, 30 km² große, autofreie Insel **Ko Pha Yam** mit ihren Bilderbuchstränden.

Khao-Sok-Nationalpark

Bizarr geformte Berge gelten im Allgemeinen als schöne Berge und diejenigen, die man in diesem rund 750 km² großen Nationalpark zu sehen bekommt, sind bizarrer, als man es sich vorstellen kann. Wie in einem Märchenland ragen fantastisch anmutende Kalksteinformationen als Pyramiden, Pilze oder spitze Nadeln bis zu 1000 m hoch aus den grünblauen Fluten eines fjordartig verzweigten Sees. Andere wiederum haben die Form von Keulen, Kegeln oder Tafelbergen, die meisten sind durchzogen von teils noch unerforschten Höhlensystemen. Dank eines durchschnittlichen Niederschlags von etwa 3500 mm sind sie allesamt von tropischem Regenwald bewachsen. Die Infrastruktur in diesem meistbesuchten Schutzgebiet des Königreichs ist perfekt und wer noch nie in einem Baumhaus gewohnt, in Urwaldflüssen gebadet oder das Geschrei von Affen im Morgengrauen vernommen hat, kann dies im Khao-Sok-Nationalpark nachholen. Es locken Dutzende Touren und Aktivitäten sowie Unterkünfte aller Kategorien – all das im Schnittkreuz zwischen den Strandzentren des Südens, nur rund 80 km von Khao Lak, 150 km von Phuket und Krabi sowie 120 km von Surat Thani entfernt.

Ko Lipe

Die südlich von Ko Adang im Tarutao-Nationalpark gelegene und vom Festland rund 80 km entfernte Insel ist die einzige im Schutzgebiet mit touristischen Angeboten. Man misst sie nicht an ihren nur 4 km², sondern an der Schönheit ihrer Strände und den Ausflugsmöglichkeiten. Bewohnt wird Ko Lipe in der Mehrzahl von Chao Lee, die traditionell als Seenomaden in der Andamanensee lebten und hier ein festes Zuhause gefunden haben. Aufgrund der exponierten Lage kann der gesamte Archipel nur zwischen November und Mai besucht werden. Fußwege verbinden die Strände. Populärster ist der **Pattaya Beach** entlang einer Halbmondbucht. Den Inselosten flankiert **Sunlight Beach** mit idealen Schnorchelbedingungen. Ringsum sind Dutzende unbewohnte Urwaldinseln Ziele von Boots- und Schnorcheltouren. Auch direkt vor Ko Lipe liegen reiche Korallentauchgründe.

Riverside Cottages im Khao-Sok-Nationalpark

► *Umgebung* Auf dem ›Weg‹ nach Ko Lipe liegt **Ko Tarutao,** mit rund 150 km² die größte unbewohnte Insel Thailands und Zentrum des gleichnamigen, 51 Inseln umfassenden Nationalparks. Sie bietet die wildesten Traumstrände. Nördlich lädt mit der **Ko Bulon Lae** ein 1 km² großes Strand- und Urwaldeiland zu Erholung und Entspannung ein. Vor der Küste von **Ko Libong** haben die letzten Seekühe Thailands eine Heimat. Im Rahmen von Touren hat man gute Chancen, ein Exemplar dieser vom Aussterben bedrohten Spezies zu Gesicht zu bekommen. Wer schließlich ein Faible für Ruhe und beschauliches Ferienglück hat, wird **Ko Sukon** mögen. Auf dem etwa 4 km breiten und 8 km langen Eiland scheint die Zeit noch langsamer zu vergehen als ohnehin schon in diesem Teil der Erde.

Ko-Similan-Marine-Nationalpark

Similan, abgeleitet vom malaiischen *sembilan,* bedeutet ›neun‹, denn so viele Inseln bilden den unbewohnten Archipel. Zusammen mit mehreren anderen Inselsplittern umfasst er ein insgesamt 140 km² großes Areal, das seit 1982 unter Naturschutz steht. Die oft wie Skulpturen geformten Granitbuckel mit ihrem weißen Strandsaum im weiten Blau des

Meeres geben ein exotisches Bild ab. Atemberaubend vielfältig zeigt sich vor allem die Unterwasserwelt, deren Korallenriffe zu den belebtesten von Thailand zählen und das Gebiet zu einem der Top-Tauchspots auf Erden machen. Die Korallenstöcke wachsen bereits in etwa 2 bis 3 m Tiefe und im glasklaren Wasser reicht die Sicht über 30 m weit. Wer landfest bleiben möchte, wird die berückend schönen Strände der einzelnen Eilande genießen. Zwischen den Inseln, die offiziell sowohl Namen wie auch Nummern tragen, verkehren Zubringerboote des Nationalparkamtes (www.dnp.go.th).

Krabi

In der rund 4600 km² großen Provinz Krabi zeigt sich die Tropennatur in ihrer spektakulärsten Ausprägung. Vor der mehr als 160 km langen Küstenlinie ragen die bizarren Kalksteinformationen der einzigartigen Phang-Nga-Bucht aus türkisgrünen Fluten. Aber auch Mangrovensümpfe und über 1300 m hohe Berge, tosende Wasserfälle, weltentrückte Seen und heiße Quellen sowie unauslotbare Höhlenlabyrinthe sind in der Region zu finden, die einen der größten Regenwaldbestände von Südthailand aufweist. Zentrum der Provinz ist die gemütliche ›Metropole‹ **Krabi Town,** doch der Tourismus konzentriert sich nicht auf die Stadt, sondern auf das nahe **Ao Nang** und die vorgelagerten Inseln, von denen die Doppelinsel **Ko Phi Phi** mit Ko Phi Phi Don und Ko Phi Phi Leh die berühmteste ist. Noch schöner als der Ao Nang Beach sind die per Boot erreichbaren Strände **Pai Plong, Rai Leh, Tonsai** und **Phra Nang** – sie zählen zu den Strandsensationen dieser Welt.

► *Sehenswert* Die bedeutendste Sehenswürdigkeit der gesamten Region ist der **Wat Tham Sua,** rund 3 km nördlich von Krabi Town. Tiger Cave Temple wird das wohl am eindrucksvollsten gelegene Höhlen- und Waldkloster des Südens auch genannt.

► *Umgebung* Eine jede Insel vor Krabi hat ihren eigenen Charakter: Findet der an unverfälschtem insularem Leben interessierte Reisende auf **Ko Yao Noi** alles nach Maß, kann er sich auf **Ko Jum** wie Robinson fühlen, ohne auf touristische Infrastruktur verzichten zu müssen, während auf **Ko Phi Phi,** angeblich die schönste Insel der Welt, die touristischen Angebote unerhörte Blüten treiben und das Nachtleben heißer nicht sein könnte.

Entspannt geht es dagegen auf **Ko Lanta** zu, einer ruhigen Ferieninsel für perfekten Badespaß. Auf dem benachbarten **Ko Ngai** fühlen sich vor allem Wasserratten auf Entspannungstrip wohl, denn der Korallenstrand dieser Resortinsel steht ganz unter exotischen Vorzeichen. Highlight der südlich angrenzenden ›Perleninsel‹ **Ko Muk** ist die an der klippenreichen Westküste auf Höhe des Meeresspiegels klaffende Höhle Tham Morakot.

Phuket

Phuket ist die populärste Badeinsel Asiens. Insbesondere Pauschalurlaubern werden an den 16 Hauptstränden des etwa 50 mal 20 km messenden Eilandes (500 000 Einwohner) alle Wünsche erfüllt. Lange, bevor hier Tourismus für Wohlstand sorgte, war Phuket dank Zinnminen, Kautschukplantagen und Perlenzucht das wirtschaftliche Zentrum Südthailands. Von den Hauptstränden der Insel ist der **Patong** der mit Abstand populärste und an Angeboten reichste. Ansprechender sind die ruhigeren Strände **Karon** und **Kata.** Als schönster gilt der exklusive **Nai Harn.**

Phuket Town

In der Hauptstadt der Insel leben rund 80 000 Menschen. Deutlich ist im Stadtbild der Einfluss der chinesischstämmigen Bevölkerung spürbar. An mehreren Straßen reihen sich die alten zweistöckigen Geschäftshäuser in sino-portugiesischem Stil aneinander und verleihen dem Zentrum einen an die Kolonialzeit erinnernden Reiz. Die schönsten Fassaden säumen die Thanon Deebuk und die Thanon Thalang. Viele Bauten wurden prachtvoll restauriert und beherbergen nette Läden oder Restaurants.

► *Sehenswert* Die **Butterfly Garden & Insect World** gilt als einer der renommiertesten Schmetterlingsparks weltweit. Monat für Monat werden hier über 6000 Schmetterlinge mehr als 40 verschiedener Spezies gezüchtet. Tausende der prächtigen Falter flattern im rund 1300 m² großen tropischen Garten der Anlage frei umher. Auch die Insektenausstellung ist herausragend (www.phuketbutterfly.com). Ebenso einzigartig ist das **Phuket Aquarium** 8 km südlich von Phuket Town. Insgesamt sind hier über 150 verschiedene Arten von Süß- und Salzwasserbewohnern zu sehen. Highlight des Besuchs ist ein Gang unter Wasser durch die Glastunnel, bei dem man Rochen, Haie, Riesenzackenbarsche und Dutzende anderer Spezies aus nächster Nähe betrachten kann. Interaktive Displays entführen auf eine Reise durch Flüsse und Seen, zu Mangroven und Korallenriffen (www.phuketaquarium.org).

Wald beim Wat Tham Sua, Krabi

► *Umgebung* Ob man an Bord einer Dschunke, einer Segeljacht, eines Langschwanz- oder Schnellboots ins Inselparadies des **Phang Nga Marine National Park** reist, ist eine Frage des persönlichen Geschmacks – aber hin muss man! Es geht durch ausgedehnte Mangrovensümpfe, dann von Insel zu Insel, schließlich auch zur ›James-Bond-Insel‹ (einst Filmkulisse) und zum Stelzendorf **Ko Panyi,** in dem 200 Familien über dem Wasser leben.

▲ Auf dem Markt von **Mae Sai,** dem nördlichsten Ort Thailands, werden Lebensmittel und Dinge des täglichen Bedarfs verkauft. Wer sich keinen eigenen Stand leisten kann, der bringt die Ware in Körben zum Markt.

Daten und Fakten

Geografie
Thailand liegt im westlichen Teil der Indochina-Halbinsel. Im Norden und Nordwesten grenzt das Tenasserim-Gebirge nach Myanmar ab, im Nordosten der Mekong nach Laos, im Osten das Dangrek-Gebirge nach Kambodscha, im Süden besteht eine ›offene‹ Grenze zu Malaysia. Thailand umfasst rund 513 000 km^2 (1,5-mal so groß wie Deutschland), erstreckt sich in Nord-Süd-Richtung über 1770 km, ost-westlich über rund 800 km, an seiner schmalsten Stelle ist es 15 km breit. 20 % der Landfläche sind bewaldet, in mehr als 300 Schutzgebieten stehen 17 % der Landesfläche unter Naturschutz. Die Küsten am Golf von Thailand und an der Andamanensee erstrecken sich über 3200 km. Höchster Berg ist der Doi Inthanon (2565 m), längster Fluss der Menam Chao Phraya (850 km).

Bevölkerung
Von den etwas mehr als 70 Mio. Einwohnern sind etwa 75 % Thai. Größte ethnische Minderheit ist mit 15 % die chinesischstämmige Bevölkerung. Daneben gibt es 4 % islamische Malaien, Khmer, Vietnamesen, Inder, Burmesen und Nepali. Im Norden leben Bergvölker verschiedener Ethnien. Die Analphabetenrate liegt bei 4 %. 95 % der Bevölkerung bekennen sich zum Buddhismus, 4 % sind Muslime.

Sprache
Thailändisch gehört zur Familie der Tai-Kadai-Sprachen, die von etwa 83 Mio. Menschen in Südostasien und im Süden Chinas gesprochen werden, und hat ein eigenes Alphabet. Die meist einsilbigen Wörter erlangen durch unterschiedliche Tonhöhen und Tonverläufe unterschiedliche Bedeutungen.

Wirtschaft
Thailand ist die zweitgrößte Volkswirtschaft Südostasiens mit einem Bruttoinlandsprodukt (BIP) pro Kopf von rund 5900 US-$. Landwirtschaft macht rund 11 % des BIP aus, Industrie 35 %, der Dienstleistungssektor 44 %. Mit fast 16 Mio. Reisenden, davon 4,4 Mio. aus Europa, ist der Tourismus mit 6 % des BIP wichtigste Devisenquelle.

Geschichte

36 000–Zeitenwende Die ersten Spuren menschlicher Besiedlung finden sich in Thailand ab ca. 36 000 v. Chr. Ab dem 3. Jh. v. Chr. kommt es zu ersten hinduistischen und buddhistischen Missionierungen.
7.–11. Jh. Die sino-tibetischen Mon drängen nach Mittelthailand. Ab 860 wandern Thai-Stämme aus dem südchinesischen Raum nach Nordthailand ein, wo sie von den Mon die buddhistische Religion übernehmen.
9.–14. Jh. Nordthailand wird von sino-tibetischen Khmer beherrscht. 1238 brechen die Thais das Gebiet um Sukhothai aus dem Khmer-Staatengebiet und gründen ein erstes Königreich auf ›thailändischem‹ Boden.
1376–1767 Das Reich von Siam entwickelt sich von der neuen Hauptstadt Ayutthaya aus zum mächtigsten Staat in Südostasien. Die Burmesen, die Siam schon mehrfach angegriffen haben, starten 1767 zum vernichtenden Feldzug – Ayutthaya wird völlig zerstört.
1782–1945 Neue Hauptstadt wird Bangkok, wo General Phraya Chakri Taksin 1782 die bis heute herrschende Chakri-Dynastie gründet. Seinen Nachfolgern gelingt es, Thailands Souveränität gegenüber den Kolonialmächten zu bewahren. Unter Rama VI. engagiert sich Siam im Ersten Weltkrieg aufseiten der Alliierten. 1932 wird ein konstitutionelles Königtum festgeschrieben. Im Zweiten Weltkrieg verbündet sich Thailand mit Japan, bis es sich 1944 mit den Alliierten verständigt, wodurch es seine volle Souveränität bewahren kann.
1946–1992 1946 besteigt König Bhumipol Adulyadej als Rama IX. den Thron. Hohe Militärs wechseln sich in der Landesführung ab. Der Widerstand gegen die Diktatur gipfelt 1973 und 1992 in Demonstrationen, gegen die das Militär mit Gewalt vorgeht.
2001 Aus den Parlamentswahlen geht Thaksin Shinawatra, erklärter Islamgegner, mit seiner Partei Thai Rak Thai als Sieger hervor. Er regiert autoritärautokratisch; die Lage in den vorwiegend von Muslimen bewohnten Provinzen an der Grenze zu Malaysia spitzt sich zu.
2004 Am 26. Dezember überrollt ein Tsunami die Küste an der Andamanensee; rund 5500 Menschen sterben, 3000 werden vermisst.
2006–2008 Im Sept. stürzt das Militär, unterstützt von der Volksallianz für Demokratie (PAD) und im Einvernehmen mit dem König den u. a. mit Korruptionsvorwürfen belasteten Regierungschef Thaksin. Aus den Parlamentswahlen im Dez. 2007 geht die von Thaksin-Anhängern gegründete populistische Volksmachtpartei (PPP) als Siegerin hervor. Als **2008** die neue Regierung die Verfassung zu ändern versucht, um Thaksin Straffreiheit zu ermöglichen, ruft die PAD zu Massenprotesten auf. Rund 35 000 Demonstranten besetzen den Regierungssitz und später auch den Flughafen Bangkoks. Im Dezember ordnet das thailändische Verfassungsgericht die Auflösung der PPP an. Das Parlament wählt Abhisit Vejjajiva von der PAD zum neuen Regierungschef.
2009 Thaksins Anhänger (›Rothemden‹), die sich in der neuen Partei Vereinigte Front für Demokratie und gegen Diktatur (UDD) sammeln, stürmen den ASEAN-Gipfel. Sie wollen Abhisit Vejjajiva stürzen. Die Unruhen greifen auf Bangkok über; Ausrufung des Notstands.
2010 Im April und Mai legen ›Rothemden‹ bei einer großen politischen Demonstration weite Teile Bangkoks lahm und fordern Premierminister Abhisit Vejjajiva auf, das Parlament aufzulösen und Neuwahlen auszurufen.
2011 Bei den Parlamentswahlen im Juli erteilen die Thais der regierenden Demokratischen Partei eine Absage und wählen mit absoluter Mehrheit die Phoi Thai-Partei (Nachfolgerin der UDD), deren Machtbasis die ›Rothemden‹ sind. Thaksins jüngere Schwester Yingluck Shinawatra wird Ministerpräsidentin. Im Oktober werden Bangkok und Zentralthailand von einem beispiellosen Hochwasser heimgesucht.
2013 Der Entwurf eines Amnestiegesetzes, das auch die Rückkehr Thaksins ermöglicht hätte, lässt neue Unruhen aufflackern.
2014 Die Unruhen eskalieren, am 20. Mai übernimmt das Militär nach einem Putsch die Macht.

Register

Der Felsen des Geheimagenten: James Bond machte den steil aus der Bucht von Phang Nga aufragenden Kalksteinfelsen **Ko Tapu** weltberühmt. Szenen des Klassikers »Der Mann mit dem goldenen Colt« wurden vor dieser Kulisse gedreht.

Impressum

Gestaltung
Wessinger und Peng GmbH, Stuttgart/Zürich

Redaktion
Jens Bey, Stuttgart

Bildredaktion
Susanne Troll, Köln

Satz
Andreas Staiger, Stuttgart

Texte
Michael Möbius

Prepress
PPP, Pre Print Partner GmbH & Co KG, Köln

Bildnachweis
Bildagentur Huber / R. Fabrizio: S. 56 / T. Richard: S. 71
Corbis / S. Corlett: S. 83–86 / G. Hellier/JAI: S. 40/41 / J. F. Raga: S. 34 / L. Vaccarella/ Grand Tour: S. 154–156 / M. Williams-Ellis/ Robert Harding World Imagery: S. 65
DuMont Bildarchiv / C. Heeb: 2/3, 4/5, 8/9, 10/11, 20/21, 23, 37, 44, 46 o. , 51, 52/53, 54/55, 58, 59, 64 o. und u., 70, 76, 78 o., 78 u., 79 u. r., 80, 88/89, 90, 91, 101, 102/103, 109 o. r., 114, 115, 116/117, 118 o., 118 u., 120/121, 124/125, 126 o., 126 u., 127, 129, 130/131, 132, 133, 135, 137, 144/145, 148/149, 157, 158, 159, 166 o. l., 168 u., 169, 170 u., 171, 172 u., 174 M., 174 o., 175, 176 u., 177, 178, 181
Glowimages / J. W. Alker: S. 151 / D. Bleyer: S. 68/69, 172 o.; I. Schulz: S. 173 M. / JTB Photo: S. 50 / SuperStock: S. 35 / XYZ PICTURES: S. 164, 165 /
iStockphoto / brytta: S. 47 u. r. / donstock: S. 67 u. r. / enviromantic: S. 47 u. l. / jjayo: S. 79 u.l. / H. Mette: S. 38 / S. Nualpradid: S. 108 u. l. / oneclearvision: S. 109 u. / R. A Sanchez: S. 107 / ShutterWorx: S. 108 u. r. / R. Siemieniec: S. 67 u. l. / tadamee: S. 109 o.l.
laif / C. O. Bruch: S. 6/7 / B. Gardel/hemis.fr: S. 160 u. / GUIZIOU Franck/hemis.fr: S. 104/105 / C. Heeb: S. 36, 62, 82, 87, 112/113 / K. Henseler: S. 57 / F. Heuer S. 66, 146 / G. Lengler: S. 93 / T. Linkel: S. 46 u., 152, 153 / Martin/Le Figaro Magazine: S. 119 / M. Riehle: S. 138/139, 166/167 / M. Sasse: S. 99, 147 / M. Shippen/ Gallery Stock: S. 74/75 / I. Teh/VU: S. 43 / TORRIONE Stefano/hemis.fr: S. 100
LOOK / age fotostock: S. 18, 22, 24, 128, 140, 141 / R. Dirscherl: S. 142/143, 176 o. / K. Maeritz: S. 72/73, 94/95, 96/97, 110/111, 173 o. / Spaces Images: S. 39 / J. Stumpe: S. 161 / TerraVista: S. 45
Mauritius Images / age: S. 150 / Alamy: S. 12/13, 25, 26, 27–30, 31, 32, 33, 61, 77, 81, 98, 122/123, 136, DK Images: S. 42 / R. Harding: S. 92 / imageBROKER / O. Stadler: S. 160 o., 162/163 / Science Faction: S. 134 / United Archives: S. 60 / Urs Flüeler: S. 63
picture alliance / dpa/EPA/SANGDAO SATTRA: S. 14/15 / OKAPIA / Gerald Cubitt: S. 48/49
Rötting/Pollex: S. 106

Titelbild | Schutzumschlag
Vorderseite: Fischerboot am Strand. Kimberley Coole / lonely planet images / getty images
Rückseite: Wat Tham Sua. DuMont Bildarchiv / C. Heeb

1. Auflage 2015

www.dumontreise.de

Printed in Spain

ISBN 978-3-7701-8953-3

MIX
Papier aus verantwortungsvollen Quellen
FSC® C105485